FALKEN BÜCHEREI

BUDO-BIBLIOTHEK

falken+ohara

Von Stephen K. Hayes erschien im Falken-Verlag auch der Band 0758 »Ninja 1«.
Über die zahlreichen Titel aus der Budo-Bibliothek des Falken-Verlags informieren die Seite 160 und das beigeheftete Gesamtverzeichnis.

CIP-Kurztitelaufnahme der Deutschen Bibliothek

Hayes, Stephen K.:
Ninja / Stephen K. Hayes [Übers.: Johann Schmit]. –
Niedernhausen/Ts.: Falken-Verlag
(Falken-Bücherei) (Budo-Bibliothek)
Einheitssacht.: Ninja, spirit of the shadow warrior ‹dt.›
2. Die Wege zum Shoshin. – 1985.
Orig.-Ausg. u. d. T.: Hayes, Stephen K.: Nunjutsu
ISBN 3-8068-0763-9

ISBN 3 8068 0763 9

Übersetzung: Johann Schmit
Gesamtherstellung: Neuwieder Verlagsgesellschaft mbH, Neuwied

817 2635 4453 6271

Stephen K. Hayes

Ninja 2

Die Wege zum Shoshin

FALKEN VERLAG

Danksagung

Ohne den Großmut von Dr. Masaaki Hatsumi, 34. Großmeister des Togakure-Ryu-Ninjutsu, würde die westliche Welt außer ein paar übertriebenen Legenden und aufgestellten Mythen nichts über Ninjutsu wissen. Als Leiter des einzigen japanischen Ninjutsu-Stils, der seine Geschichte bis zu seinen Wurzeln zurückverfolgen kann, führte mich Dr. Hatsumi auf den Weg zum Wissen und zu den Fähigkeiten der Ninja.

Alles, was ich mit in den Westen zurücknahm, verdanke ich seinen Ermutigungen, seiner Offenheit, seiner Ehrlichkeit und seiner Bereitschaft, auch die letzten Geheimnisse des Herzens eines Kriegers mit mir zu teilen. Dieses Buch ist eine Dankesbezeugung für meinen Großmeister, für meinen Lehrer, dessen Lehren jetzt für mich einen noch größeren Wert haben, da er keine neuen Schüler mehr annimmt. S.K.H.

Über den Autor

Stephen K. Hayes ist Amerikas bekannteste Autorität in Theorie und Praxis des Ninjutsu. Er wurde in Delaware geboren, wuchs in Ohio auf und machte einen BA-Abschluß in Theaterwissenschaft an der Miami-Universität in Oxford, Ohio. Mitte der sechziger Jahre begann er, die Kriegskünste zu seinem Lebensinhalt zu machen und hat sich seitdem ganz dem Ziel verschrieben, Erleuchtung und Selbstverwirklichung auf dem östlichen Weg des Kriegers zu suchen.

Stephen K. Hayes ist der erste Nicht-Asiate, dem jemals in der jahrhundertelangen Tradition des Ninjutsu der Titel *Shidoshi,* d. h. »Lehrer der Kriegskunst der Erleuchtung«, verliehen wurde. Er ist der einzige Amerikaner, dem diese Ehre in der jetzigen Generation zuteil wird. Als Teil der Verantwortung, die dieser Titel mit sich bringt, wurde ihm die Erlaubnis erteilt, seine eigene Togakure-Ryu-Ninjutsu-Schule unter der Leitung von Dr. Masaaki Hatsumi zu eröffnen.

1975 gründete Stephen K. Hayes mit Hilfe seiner Studenten die »Schatten von Iga«-Gesellschaft, deren Mitglieder sich aus Ninjutsu-Schülern und -Begeisterten zusammensetzt und das Ziel hat, die Nutzen des Ninja-Wissens in der westlichen Welt zu verbreiten und jene Leute zusammenzubringen, die fühlen, daß es ihr Schicksal ist, zu einem Teil der Ninja-Tradition zu werden. Drei Jahre später wurde die »Schatten von Iga«-Organisation zum Überwachungsorgan des Togakure-Ryu-Ninjutsu-Trainings im gesamten englischsprachigen Raum.

Heute hat sie Stellvertreter in den Vereinigten Staaten, Kanada, Großbritannien, Australien, Deutschland, Schweden, Indien, Israel und Japan. Jeder, der interessiert ist, der Gesellschaft beizutreten, kann an folgende Adresse schreiben:

Shadows of Iga
P.O. Box 1947
Kettering
OH 45429 USA

Inhalt

Die Künste des Ninjutsu,
in denen wir uns üben,
könnte man als den Weg zum Sieg bezeichnen.
Wir helfen den Ehrlichen
mit unserer Fertigkeit, kraft des Geistes zu gewinnen.
Ihre Träume werden zu unserer klaren Vision,
die sich in einen unbändigen Willen verwandelt,
in unserem Geist Form annimmt
und schließlich in die Wirklichkeit eingeht.

Erstes Kapitel

Geistige Reinheit: Die Moral des Ninja in der Geschichte

»Den Kern der Ninja-Kunst erreichen, heißt zuerst einmal alles Unwesentliche aus seinem Leben entfernen, um in ein Stadium geistiger Reinheit einzutreten und schließlich fähig zu werden, sich frei zwischen den gegensätzlichen Reichen der Helligkeit und der Dunkelheit zu bewegen, ohne geistigen Schaden zu erleiden, so wie der natürliche Lauf der Dinge es erfordert.«

Dies ist nach Ansicht von Yasuyoshi Fujibayashi das wahre Ziel eines Ninja. In seiner Ninjutsu-Enzyklopädie aus dem 17. Jahrhundert, dem *Bansenshukai,* schrieb er, daß der eigentliche Sinn der Kunst der Ninja nicht darin liege, gewalttätige, zerstörerische Techniken bis zur Perfektion voranzutreiben, sondern darin, harmonisch mit der Umwelt zu verkehren und eine intuitive Feinfühligkeit so weit zu entwickeln, daß der vergängliche Mensch es fertigbringe, den immerwährenden Lauf der Dinge des Universums zu erkennen und sich ihm anzupassen.

Trotz seines Pochens auf geistige Reinheit wurde das Ninjutsu von der Gemeinschaft der japanischen Kriegskünste nie in die Familie der *Do*-Disziplinen erhoben, die als Zen-ähnliche Praktiken den Weg zur Erleuchtung ebnen sollen. In den friedlichen Jahrhunderten, die auf die Einigung Japans durch die Togukawa-Familie folgten, kam es bei den Kriegskünsten zu einer neuen Entwicklung: die alten Samurai-Kampftechniken verwandelten sich. *Kenjutsu* (Schwertkampf), *Jujutsu* (unbewaffneter Nahkampf), *Kyujutsu* (Bogenschießen), *Jojutsu* (Stockkampf), *Iaijutsu* (schnelles Ziehen des Schwertes) und andere wurden systematisiert, verfeinert und weiter vervollkommnet zu den Kulturübungen *Kendo, Judo, Kyudo, Jodo* und *Iaido.* Dieses Ritualisieren einer vorher höchst persönlichen, spontanen Aktivität ist ein typisch japanischer Charakterzug. Da die Kriegskünste nicht mehr länger gebraucht wurden und außerdem von den Togukawa-Herrschern eher mit Argwohn betrachtet wurden, änderte man die überall bekannten körperlichen Aspekte des Kampfes leicht ab und gab ihnen eine neue Zielsetzung.

Schon einige Jahrhunderte vorher war es in der japanischen Kulturgeschichte zu einem ähnlichen Ritualisierungsprozeß gekommen, als man verlangte, daß Beamtenanwärter, genau wie im Nachbarland China, den *Gokyo,* die fünf Klassiker der chinesischen Literatur, kennen mußten, um in die Reihen der Staatsbediensteten aufgenommen zu werden. Obwohl das Wissen um diese chinesischen Klassiker den Betreffenden recht wenig bei der Ausübung ihrer täglichen Pflichten oder dem Treffen von wichtigen Entscheidungen half, fühlte man vermutlich doch, daß der Lernprozeß selbst den Zweck dieses Studiums darstellte. Die gleiche Geisteshaltung wiederholte sich später bei der Entwicklung des *Sado* (zeremonielle Vorbereitung des grünen Tees) und des *Kado* (Aufsagen von Gedichten). Selbst das *Shudo,* die Kunst der Kalligraphie, und das *Kado,* das Blumenstecken, wurden neben den Kampfkünsten in das *Do*-Konzept aufgenommen.

Merkwürdigerweise ist die Kunst der Ninja nirgends auf dieser Liste zu finden, doch dies hat seinen guten Grund: die Ninja stellten den kulturellen Gegenpol zu den Samurai dar, die als Begründer des *Do*-Konzeptes angesehen werden. Die Geheimnisse der Ninja-Kunst waren nur einigen Familien bekannt, die man als *Iga-mono* bzw. *Koga-mono* bezeichnet, je nachdem, in welcher der zwei einsamen Gegenden sie wohnten. Der Samurai-Titel *Bushi* (Krieger) wurde ihnen verwehrt. Aus diesem Grund war ihr Wissen der Samurai-Kaste nicht bekannt. Die körperlichen Aspekte des Ninjutsu waren pragmatische Anwendungen des mystischen Weltverständnisses der Ninja. Diese Praxisbezogenheit und der Mangel an festgelegten Formen eigneten sich darüber hinaus sehr schlecht zu einer Stilisierung, die notwendig gewesen wäre, um die Umwandlung in eine *Do*-Kunst zu gewährleisten.

Sowohl der Autor des *Bansenshukai,* der Iga-Ryu-Ninja Yasuyoshi Fujibayashi, wie auch spätere Spezialisten wie etwa der Koga-Ryu-Ninja Seiko Fujita und der Togakure-Ryu-Ninja Shinryuken Masamitsu Toda stimmen darin überein, daß die Kunst eines wahren Ninja die rein technischen Aspekte, die wir mit dem Wort Ninjutsu sofort assoziieren, bei weitem übersteigt. Da die Kunst der Ninja nicht von den Samurai ausging und eine Verwandlung in Nindo somit kulturell gesehen nicht möglich war, und da der Ninjutsu-Schüler womöglich die Erleuchtung schon erreicht haben soll, *bevor* er an das Erlernen von Kampftechniken geht, zogen es die fortgeschrittenen Ninja der jüngeren japanischen Geschichte (nach der Gründung des Togukawa-Shogunates im Jahre 1603) vor, ihre Kunst als *Nin-po* zu bezeichnen (»Gesetz des Shinobi (= Ninja)-Reiches«).

Das Bansenshukai

Fujibayashis *Bansenshukai* (wörtlich übersetzt: »Zehntausend Flüsse münden in das Meer«) ist eine Zusammenstellung des Wissens und der Ansichten von Dutzenden von Ninja-Clans, die ihren Sitz in den *Iga-* und *Koga*-Gegenden in Zentralsüdjapan hatten. Namhafte Historiker halten diese Schriften für äußerst systematisch und logisch aufgebaut, sowohl was die beschriebenen Themenkreise betrifft als auch die Art, in der die einzelnen Kapitel eingeteilt sind. Das Material zu der Originalschrift wurde im Sommer 1676 von Yasuyoshi Fujibayashi zusammengetragen. Japan stand während dieser Zeit unter der Herrschaft des vierten Togukawa-Shoguns. Fujibayashi war Mitglied eines der drei wichtigsten Ninja-Clans der Iga-Gegend. Am Ende der *Sengoku-Jidai,* der »Periode der kriegführenden Staaten«, hatte seine Familie zusammen mit den Hattori und den Momochi den besten Ruf und den größten Einfluß.

Der erste der zehn handgebundenen Bände enthält eine Einleitung, historische Beispiele, ein Inhaltsverzeichnis und einen Frage-und-Antwort-Teil. Die Leitphilosophie des Ninja wird in diesem mit *Yo* betitelten Buch anhand einer Diskussion über erfolgreiche Kriegsführung vorgestellt. Der Ninja wird angehalten, nicht zu vergessen, daß, wenn ein Anführer seine Leute richtig zu führen und zu motivieren weiß, eine große Anzahl von Feinden überwältigt werden kann. Denken die Gefolgsleute jedoch anders als ihre Befehlshaber, so werden Niederlagen und Verluste nicht lange auf sich warten lassen. Ein einziger richtig eingesetzter Spion oder gegnerische Agent kann eine ganze Armee zu Fall bringen. Deshalb glaubt der Ninja daran, daß eine Person Tausende von Feinden besiegen kann. Das Bansenshukai unterstreicht immer wieder, daß Ninjutsu die wirksamste Methode der Militärstrategie ist.

Der zweite Band heißt *Shoshin.* Er handelt von Ehrlichkeit, Motivation und der moralischen Willensstärke, die ein Ninja braucht. Da er unter anderem auch Fertigkeiten einsetzt, die andere als Verrat, Lügen, Diebstahl oder Betrug bezeichnen würden – ganz abgesehen von den äußerst harten Gewaltanwendungen –, ist es unbedingt nötig, ein klares Ziel und die Übersicht zu haben, bevor man an die rein technischen Fragen herangeht. Genau wie heutzutage glaubten die meisten Menschen in den vorigen Jahrhunderten, daß jeder schwarz gekleidete, vermummte Halsabschneider, Söldner oder Terrorist ein Ninja sei. Obschon der eine oder andere technische Aspekt ähnlich erscheinen mag, steht der Ninja doch weit über ihnen, untersucht man Beweggründe, Zielsetzung und Sinn seiner Handlungen. Ein Terrorist oder Söldner wird durch einen äußerst engen Blickwinkel eingeschränkt; er besitzt nur ein sehr begrenztes Bild des Geschehens, auf das seine Handlungen oder Reaktionen einen nicht unwesentlichen Einfluß haben. Der wahre Ninja wird durch das Sich-Bewußtwerden seiner persönlichen Verantwortung zur Handlung gezwungen. Das intuitive Wissen um seine, vom Schicksal bestimmte Verantwortung läßt ihn seinen Beitrag leisten. Der erste Schritt bei der Erziehung eines Ninja, mag dieser Prozeß nun Ninjutsu oder Nin-po genannt werden, besteht darin, jedes geistige oder spirituelle Hindernis, das den Ninja bei dieser natürlichen Bewußtseinswerdung stören würde, aus dem Weg zu räumen.

Selbst der talentierteste Ninja ist hilflos ohne die Leitung und die Anweisung eines fähigen Führers. Das dritte, *Shochi* betitelte Buch handelt von der wirksamen Leitung einer Ninja-Organisation und schildert die verschiedenen Möglichkeiten eines erfolgreichen Einsatzes. Daneben werden Vorbeugemaßnahmen erläutert, die es gegnerischen Agenten unmöglich machen sollen, sich in die Organisation einzuschleichen.

Ein profundes Wissen um das *In-* und *Yo-* (Yin und Yang in der chinesischen Sprache) Ausgleichskonzept ist außerordentlich wichtig, um die Kunst der Ninja richtig zu verstehen.

Yo-nin, der vierte der zehn Bände, behandelt die *Yo*-Aspekte, die »hellen« Seiten der Ninja-Techniken. Mit Hilfe der dynamischen, positiven Kraft seines Intellektes und seines kreativen Denkens kann der Ninja an die von ihm benötigten Informationen kommen ohne sich an einer Spionagemission beteiligen zu müssen. Indem er andere direkt oder auf

Umwegen für sich Informationen sammeln läßt, kommt er in den Besitz aller wichtigen Daten, die er zu einer erfolgreichen Aktion benötigt. Sein Wissen um feindliche Stärken und Schwächen erlaubt es ihm, dem Gegner richtig zu begegnen, während er sich selbst den äußeren Anschein gibt, als habe er nichts mit der ganzen Sache zu tun und keinerlei Aktivitäten in dieser Richtung unternommen.

Man unterscheidet verschiedene Methoden, um die gegnerischen Absichten zu erfahren, ohne sich selbst direkten Aufklärungsmissionen auszusetzen. So etwa:

- ***Tonyu hen:*** dauernde Beobachtung des Feindes durch Agenten, die bereits in Friedenszeiten im gegnerischen Lager installiert wurden
- ***Kinnyu hen:*** Rekrutieren von Agenten nach Ausbruch der Feindseligkeiten
- ***Mekiki hen:*** Analysieren der geographischen Gegebenheiten des feindlichen Landesteiles
- ***Miwake hen:*** Analysieren der Zusammensetzung, Stärke und Fähigkeiten der gegnerischen Truppen
- ***Kanmi hen:*** Analysieren der feindlichen Strategie und der gegnerischen Militärstellungen

Der fünfte, sechste und siebte Band des Bansenshukai tragen alle den Titel *In-nin*. Ihr gemeinsames Thema ist das *In*-Konzept, die »dunkle« Seite des Ninja-Wissens. Listen, Betrug, Verwirrungstaktiken und Überraschungsangriffe sind nur einige der Techniken, die in diesen Bänden dargelegt werden. Da es dem Ninja freistand, Methoden zu gebrauchen, die der Samurai als ehrlos, verachtungswürdig, ja sogar feige ansah, machte er ebenfalls regen Gebrauch von Verkleidungen und Nachtaktionen. Er schlich sich mit einer List in das gegnerische Lager, um den Befehlshaber zu entführen oder zu töten und bestach wichtige Funktionäre, damit sie ihm bei der Erringung seiner Ziele halfen. Sämtliche Varianten dieses einzigartigen Ninja-Kampfsystems, vom Einzelkampf bis zu kompletten Plänen von Überraschungsangriffen für ganze Kampfgruppen, sind in den genannten Bänden enthalten.

Die Techniken selbst werden fast immer mit Codewörtern bezeichnet oder gegebenenfalls poetisch umschrieben. So wird beispielsweise der Ninja an einer Stelle daran erinnert, daß in verschiedenen Fällen die *Murasame no jutsu* (die Kunst des Regens im Dorf) sehr wirksam sein könne. Um welche Taktik es sich dabei handelt, wird jedoch nicht erwähnt. Das gleiche stellt man bei den waffenlosen Kampftechniken fest. Wohl findet man eine poetische Namensbezeichnung vor, so beispielsweise *Onikudaki* (Dämonenzerstörer). Daß dieser Name jedoch gleichwertig ist mit

»Hochreißen des gegnerischen Ellbogens nach vorne, um dem Feind das Schultergelenk auszurenken«, kann man wohl kaum daraus herauslesen. Eine solche Erklärung erachtete man als zu direkt, als daß man sie einem Buch anvertrauen durfte. Ein derartiges Offenbaren aller Geheimnisse wäre nicht vereinbar mit der traditionell sehr verschlossenen, geheimnistuerischen Mentalität des Schattenkriegers gewesen und hätte außerdem das ganze Ninja-Wissen jedem dargelegt, dem es gelungen wäre, eine Kopie des Bansenshukai zu stehlen.

Die in der Ninja-Enzyklopädie in Katalogform angegebenen Methoden der Dunkelheit sind also ausschließlich mit Codewörtern und Umschreibungen verschlüsselt und wenden sich an den qualifizierten Ninja, um diesem als Erinnerungsstütze zu dienen. Die eigentlichen Techniken, die sich hinter den absichtlich unerklärbar gehaltenen Stichwörtern und Symbolen verbergen, kann ein Ninjutsu-Schüler nur zusammen mit einem erfahrenen Lehrer entschlüsseln.

Tenji, der achte Band, beinhaltet die Methoden, mit deren Hilfe der Ninja die Umweltbedingungen richtig einschätzen kann. Techniken, die einem erlauben, das Wetter vorauszusagen, Gezeitentabellen, Mondphasentabellen und verschiedene Orientierungs- und Navigationsmethoden gehören zu dem Wissen, das im Tenji-Band dargeboten wird. Hierbei handelt es sich teilweise um jahrhundertealte Erfahrungen mit Systemen wie dem *Gokyo Setsu* (Theorie der fünf Elemente), dem *In-Yo-Do* (Taoistische Prinzipien) oder dem Orakel *Ekkyo* (chinesisch: I Ging, Das Buch

der Wandelungen) und zu einem anderen Teil um wissenschaftliche Beobachtungen bzw. indische, tibetanische oder chinesische Methoden, um Tendenzen und Geschehnisse vorauszusehen.

Ninki, die Beschreibung der Ninja-Ausrüstung, beginnt in Band neun und setzt sich bis in den zehnten Band fort, der jedoch seltsamerweise die Bezeichnung »Schlußband« und nicht »Zehnter Band« trägt. Möglicherweise hängt dies damit zusammen, daß die Ninja die Zahl 9 als Mittel zur Inspiration und Erleuchtung ansahen. Man könnte diesen Zusatzband also als Fortsetzung und somit den Bansenshukai als neunteiliges Werk betrachten.

Im neunten Band findet man unter dem Titel *Toki* die Kletterwerkzeuge des Ninjutsu. Hier ist alles aufgezählt, was dem Ninja helfen kann, Festungsmauern, Bäume, Klippen und Schiffswände sicher zu erklettern und auch wieder herunterzusteigen. *Suiki* nimmt sich der Wasserausrüstung des Ninja an; sie basiert zu einem großen Teil auf praktischen Ratschlägen von Piraten. Die in diesem Kapitel vorgestellten Methoden erlauben verschiedene Arten der Flußüberquerung oder zeigen Möglichkeiten auf, sich unter Wasser weiterzubewegen. *Kaiki* handelt von Werkzeugen, mit Hilfe derer man in geschlossene Gebäude, Burgen, Befestigungsanlagen oder Lagerhäuser einbrechen kann. Beschrieben werden Ausrüstungen, um Türschlösser aufzubrechen, Löcher in Wände zu bohren oder Türen aus den Angeln zu heben.

Ähnlich wie das schon bei den Kampftechniken in den Bänden fünf, sechs und sieben der Fall war, werden hier nur die einzelnen Gegenstände mit ihren Dimensionen und Besonderheiten beschrieben; auf ihre Anwendungsmöglichkeiten geht man jedoch mit keinem einzigen Wort ein, so daß ein Uneingeweihter nicht immer den richtigen Zweck eines bestimmten Hilfsmittels erkennt. So lacht man beispielsweise oft über die im Bansenshukai erwähnten hölzernen »Wasserschuhe«, die in Andrew Adams Buch *Ninja, the Invisible Assassins* als *Mizugumo* bezeichnet werden, da sie sich als völlig unwirksam zur Überquerung einer Wasserfläche erwiesen haben. Dabei übersehen diese zeitgenössischen Spötter, daß die Mizugumo überhaupt nicht für diesen Zweck gedacht waren. Sie wurden gebraucht, um sich mit gleitenden Bewegungen in schlammigen, sumpfigen Gegenden fortzubewegen. Dabei wurden die Gräser niedergedrückt und das Gewicht des Ninja über eine breite Fläche von Wasser, Schlamm und Pflanzen verteilt; im Prinzip ähneln sie also Schneeschuhen, die man benutzt, um auf lockerem Neuschnee nicht einzusacken.

Die Feuertechniken, *Kaki* genannt, schließen den Bansenshukai ab. Hier findet man eine ganze Reihe von Formeln zur Vorbereitung und Nutzung von Sprengstoffen, Rauchbomben, Arzneien, Betäubungsmitteln und Giften. Die ausführlichen Beschreibungen sind jedoch in dem Regionaldialekt gehalten, wie er im 17. Jahrhundert in der Iga-Gegend gesprochen wurde. Dies macht die Übersetzung selbst für einen japanischen Sprachhistoriker zu einer harten Nuß. Darüber hinaus werden die Pflanzen mit ihren damaligen, in dieser Gegend gebräuchlichen Hausnamen bezeichnet, was die Sache noch zusätzlich erschwert. »Bärentatze« bezeichnet beispielsweise ein bestimmtes Kraut und nicht den Fuß des Tieres; der »Atem des weißen Pferdes« steht für eine Blütenpflanze und hat nichts mit einem Pferd zu tun.

Die Lehren, die man aus der Geschichte ziehen soll, dürfen sich jedoch nicht in rein äußerlichen Erscheinungen wie den im Bansenshukai angegebenen Techniken, Waffen oder Strategien erschöpfen. Der eigentliche Wert der historischen Waffen, Strategien oder Kommunikationssysteme liegt weniger in der Perfektionierung der Techniken eines dreihundert Jahre alten zehnbändigen Werkes als vielmehr in der Einsicht, daß überall um uns herum Waffen, Werkzeuge und andere Hilfsmittel in Form von unscheinbaren, alltäglichen Gegenständen zu finden sind. Wenn es darum geht, in der heutigen Umgebung wirksam zu handeln, so muß man konsequenterweise alle Antiquitäten im Museum lassen und sich auf die bestmögliche Ausnutzung der gegenwärtigen Möglichkeiten konzentrieren. Der historische Rückblick ist amüsant und erinnert uns an unsere japanische Ninja-Erbschaft, doch man sollte ihn nicht zum Mittelpunkt des Trainings machen.

Heutiges, authentisches japanisches Togakure-Ryu-Ninjutsu-Training ist eine der umfassendsten Methoden zur Verhütung und Beseitigung von Gefahren und zur Verwirklichung eines erfüllten Lebens, die man antreffen kann. Historische Lehren und kreative, zeitgenössische Anwendungen ergänzen sich und bieten dem Übenden einen packenden, anregenden Kursus in Selbstverwirklichung, die die Basis einer fortgeschrittenen Lebensweise bildet. In folgenden Disziplinen sucht man, es zum Meister zu bringen:

Junan Taiso:	Yogaähnliche Körperbeherrschung
Nin-po taijutsu:	Unbewaffneter Kampf
– *Taihenjutsu:*	Körperbewegungen und Sprungtechniken
– *Dakentaijutsu:*	Stoß- und Schlagtechniken
– *Jutaijutsu:*	Würge- und Haltegriffe
Bojutsu:	Stockkampftechniken
Hanbojutsu:	Kampftechniken mit dem Kurzen Stock
Ninja ken-po:	Kämpfen mit dem Ninja-Schwert
– *Kenjutsu:*	Fechten

– Iaijutsu:	Schnellziehtechniken
Tantojutsu:	Messerkampftechniken
Shurikenjutsu:	Werfen von Klingen
Kusarijutsu:	Kämpfen mit kurzen Kettenwaffen
Kyoketsu shoge:	Waffe: Seil und Klinge
Kusarigama:	Waffe: Kette und Sichel
Teppo:	Feuerwaffen
Ninki:	Spezielle Ninja-Ausrüstungen und -Werkzeuge
Fukiya:	Blasrohr und Bolzen
Heiho:	Kampfstrategie
Gotonpo:	Gebrauch der natürlichen Elemente zur Flucht
In-Yo do:	Taoistische Prinzipien
Seishin teki kyoyo:	Geistige Reinheit
– Meso:	Meditation
– Shinpi:	Konzepte des Mystizismus
– Nin-po mikkyo:	Ninja-»Geheimwissen« über das Universum
Kuji-kiri:	Beherrschen der elektromagnetischen Kräftefelder
Kuji-in:	Energiekanalisierung

Zeitgenössische Ninjutsu-Schüler werden jedoch in keiner Weise davon abgehalten, weitere, in dieser Liste nicht angegebene Trainingsaspekte einzuüben. Jede Kampfart, außer einer Zen-ähnlichen *Do*-Kunst, die überhaupt nicht an praktischen Anwendungen interessiert ist, sondern die sich stur auf eine gewisse Anzahl von Techniken beschränkt und beispielsweise ihren Anhängern 106 Waffen und 42 Würgegriffe präsentiert, fügt den betreffenden Schülern schweren Schaden zu, denn sie denken nur in methodischen, geordneten Strukturen, sobald eine Gefahr auftritt. Durch mechanistisches Training wird der Geist angehalten, jede neu auftretende Situation mit vorhergegangenen Trainingseinheiten zu vergleichen und in eine bestimmte Kategorie einzuordnen. Da der Geist sich voller Stolz auf seine 106 Waffen beschränkt, ist es nur natürlich, daß der Gebrauch aller Gegenstände oder Taktiken, die nicht in dieser Liste enthalten sind, einfach übersehen wird. Das Anlegen von Beschränkungslisten hat auf der anderen Seite aber den Vorteil, daß diese Kriegskunst sich viel leichter überschauen und auch kommerzialisieren läßt.

Beim Versuch, authentisches Ninjutsu zu systematisieren, stößt man schnell auf große Schwierigkeiten. Die Kunst des Ninja ist zum individuellen Gebrauch bestimmt, der einzelne Übende wird nicht angehalten, sich bestimmten Beschränkungen zu unterwerfen oder sich der Kunst anzupassen. Aus diesem Grund eignet sich Ninjutsu nur äußerst schlecht als konventionelles militärisches Training. Rekruten steht ein bestimmter Zeitraum zur Verfügung, um sich in der Grundausbildung das für ihren Beruf nötige Wissen anzueignen. Ninjutsu ist hingegen weder zeitlich noch inhaltlich begrenzt und beruht zu einem großen Teil auf der individuellen Einschätzung der sich entwickelnden Situation. Das Nachahmen einer derartigen Methode durch Soldaten, die als Einheit vorgehen müssen und ihre Befehle von einem räumlich entfernten Vorgesetzten empfangen, erscheint somit höchst unwahrscheinlich. Das Befehlskonzept basiert auf unbedingtem Gehorsam, das Ninja-Konzept verläßt sich auf intuitive Einfühlsamkeit und fast unbewußte, spontane Entscheidungsprozesse.

Ninjutsu war niemals eine militärische Kunst. Die historischen Ninja kämpften im Kriegsfall normalerweise gegen Soldaten und mußten ihre ganze kreative Phantasie und totale Willenskraft in die Waagschale werfen, um der andernfalls überwältigenden Verhältnisse Herr zu werden. Wurde ein Ninja in irgendeine rein militärische Aufgabe verwickelt, fungierte er meist als Berater. Dann hatte er eine Stellung inne, in der er seine psychischen und, wenn nötig, körperlichen Fähigkeiten bestens einsetzen konnte, um die engen Grenzen des damaligen konventionellen militärischen Denkens zu sprengen.

Der historische Ninja wird von verschiedenen zeitgenössischen Militär- und Kriegskunsthistorikern bestenfalls »mißverstanden«. Diese Leute, die sich selbst als Spezialisten für das japanische Mittelalter betrachten, schauen voller Ehrfurcht auf die Samurai und loben sie wegen ihrer niemals in Frage stehenden Loyalität ihrem Herrn gegenüber und der Todesverachtung, mit der sie sich in die Schlacht warfen, nur um die Ehre ihres Gebieters zu retten. Auch heute noch dienen sie Kampfkünstlern als nachahmenswertes Vorbild. Ninja werden hingegen regelmäßig beschuldigt, ihre Loyalität zynisch an den jeweils Meistbietenden zu verkaufen. Voller Verachtung und Ekel schaut man auf diese ehrlosen, moralisch haltlosen Gesellen herunter. Eine derart böswillige Charakterisierung wird durchweg von Schriftstellern und Historikern verbreitet, die die Samurai-Mentalität verherrlichen und damit die übertriebene Betonung des Wohls der Gemeinschaft in der japanischen feudalen Gesellschaft ohne Rücksicht auf die Rechte des Einzelnen gutheißen.

In Wahrheit standen die Ninja ihren Familienidealen loyaler gegenüber als jedem Menschen. Ein Ideal bleibt stets erhalten, während ein Mensch sich oft zu seinem Schlechten hin verändert. Der einst gerechte, menschenfreundliche Herrscher kann sich im Lauf der Jahre in einen grausamen, machtsüchtigen Tyrannen verwandeln. Der Ninja, der diesen Umschwung fühlt und sieht, wie die ursprünglichen Ideale aufgegeben werden, wird durch ein solches Verhalten dazu gezwungen, seine Dienste anderen Herrschern anzubieten, die mehr im Sinne der Ninja-Philosophie handeln. Dem Samurai ist ein solches Handeln unmöglich. Es steht ihm nicht zu, die Handlungen seiner Vorgesetzten in Frage zu stellen. Er hat bloß zu kämpfen. Dieser Verhaltenskodex führte manchmal zu grotesken Situationen. So konnte ein Samurai bemerkt haben, daß beispielsweise sein Herr oder dessen Erbe verrückt geworden war; er mußte doch, so verlangte es die Ehre seines Standes, sein Leben bei der Erfüllung der Launen des Monsters einsetzen.

Es steht außer Zweifel, daß es auch professionelle Terroristen gegeben hat, die für Geld jede schmutzige Arbeit ausführten und sich dabei als Ninja ausgaben. Hierbei handelte es sich in der Regel um gewissenlose Schurken, die keinem Clan angehörten und nicht den philosophischen Vorausblick eines Ninja besaßen. Am besten bezeichnet man solche Leute als Kriminelle und nicht als Ninja. Selbst heute lieben es verschiedene Terroristen, sich mit den legendären japanischen Ninja zu vergleichen und versuchen auf diese Weise ihr unverantwortliches Tun und brutales Vorgehen zu rechtfertigen. Indem sie sich selbst einbilden, für eine noble Sache zu kämpfen, verkünden diese selbsternannten Ninja, daß sie die Welt vom Kommunismus bzw. Faschismus befreien wollen und sehen dabei nicht ein, daß sie bloß nach einem rationalen Vorwand für ihr eigenes, zerstörerisches Verhalten suchen. Weder der Mörder, der in seinem Kampf »für das Volk« ein Hotel voller Touristen in die Luft jagt, noch der schießfreudige soziale Schädling, der sich diktatorischen Unterdrückern verkauft oder deren Folterknechte ausbildet, darf sich als Nachfolger der Ninja bezeichnen. Die geistige Reinheit, die Fujibayashi in seinem Bansenshukai beschreibt, wird von triefendem Haß ebenso getrübt wie von der Lust und dem Streben nach Gewalt. Beide benebeln den Geist vollends und verhindern so ein Handeln in Harmonie zu dem Lauf der Dinge.

Nur die Liebe zu seiner Familie und zu seiner Gemeinschaft und das Gefühl, für die positive Entwicklung des Schicksals verantwortlich zu sein, zwingen den wahren Ninja in den Kampf. Diese Beweggründe können unmöglich von jemandem übersehen werden, der sich ernsthaft mit dem Studium des Ninjutsu befaßt. Durch willentliche Rückkehr zu dem unbelasteten Zustand geistiger Reinheit wird es möglich, sich von den beschränkenden Fesseln des Geistes zu befreien. Routinierte Ninjutsu-Schüler gelangen auf diese Weise zur Wahrheit der Erleuchtung und vermögen sich unbehelligt zwischen Licht und Dunkelheit zu bewegen, da sie, dank ihrer Ninja-Lebensweise, unter dem Schutz der immerwährenden Gesetze des Kosmos stehen. ■

Da gibt es diese irregeleiteten Menschen,
die dir ein Leid zufügen wollen.
Sie greifen dich mit ihren Fäusten an
oder lauern dir im Dunkeln mit gezogener Klinge auf.
Fürchte sie nicht,
hege keine Wut gegen sie.
Laß die Reinheit der Leere in deinem Herzen verbleiben.
Dein offener Geist wird die Traurigkeit
und die Wildheit hören,
die von den Absichten deiner Angreifer ausgehen,
und dein Körper wird sich
in den Wellen ihres Hasses wiegen.
Du wirst sie zu der Zerstörung führen,
die sie suchen.

Zweites Kapitel

Vorbereitung auf den Kampf: Ninja-Methoden zur Begegnung von Gefahren

»Eine Methode, um jede Gefahr erfolgreich zu bezwingen«, dies ist wohl die beste Definition, die man von den Ninja-Kampfkünsten geben kann. Diese Fertigkeit übertrifft reine Selbstverteidigung bei weitem; es handelt sich um eine vollständige Lebensweise, die den Ninja dazu anhält, seine Betrachtungsweise eines jeden Gegenstandes und jeder Handlung grundlegend zu verändern.

In den meisten konventionellen Kriegskünsten mit Samurai-Ursprung wird ein Schüler gelehrt, die Gefahr zu erkennen, ihr mit bestimmten, eingeübten Techniken zu begegnen und auf diese Weise entweder über sie zu triumphieren oder eben ehrenvoll zu unterliegen.

Demgegenüber bietet die Kunst des Ninjutsu ihren Schülern eine ganze Reihe von Möglichkeiten, um mit potentiellen Gefahren fertig zu werden. Die erste und grundlegendste Methode besteht darin, eine Gefahr zu beseitigen, indem man sie gar nicht erst entstehen läßt. Der Schlüssel zur Beherrschung dieser Methode liegt in einem tiefgehenden Verständnis des Selbst und, davon ausgehend, des Wesens der Mitmenschen. Konkret gesehen streicht dies die Wichtigkeit des Pflegens der richtigen Angewohnheiten hervor. In diese Kategorie fallen u.a. das Kultivieren einer Feinfühligkeit, die es Ihnen ermöglicht, jedesmal zur richtigen Zeit am richtigen Ort zu erscheinen. Es ist wichtig zu bemerken, daß diese Ninja-Methode zur Gefahrenverhütung nicht als negativer oder gar paranoider Prozeß betrachtet werden darf, bei dem man überall bloß das Schlimmste erwartet und dauernd dabei ist, das Böse aufzusuchen. Ganz im Gegenteil. Indem Sie eine positive Einstellung zu der betreffenden Situation annehmen und sich ganz auf Ihre Fähigkeit verlassen, die Sache schon in den Griff zu bekommen, finden Sie heraus, daß es oft möglich ist, Einzelheiten oder sogar ganze Vorkommnisse so zu manipulieren, daß zu einem späteren Zeitpunkt keiner außer Ihnen weiß, daß eine bestimmte Situation auch anders hätte enden können.

Im feudalen Japan war diese Fähigkeit bei weitem wichtiger als nachts über Festungsmauern klettern zu können und tötende Samurais zu überlisten, um so eine Chance gegen eine sonst überwältigende Überzahl zu haben.

Es war hauptsächlich diese unheimliche Macht, über den Lauf der Dinge bestimmen zu können, die den historischen Schattenkrieger zu einem gefürchteten und überall respektierten Gegner machte.

Erste Regel: Arbeiten Sie daran, Ihr Leben so aufzubauen, daß der Feind nie daran denkt, vor Ihnen zu erscheinen. Dieses Ziel wird durch geistiges Training erreicht.

Ist die persönliche Ausstrahlung des Ninja nicht ausreichend, um das Aufkommen einer gefährlichen Situation zu verhindern, so ergibt sich die Möglichkeit, die Gefahr erfolgreich zu überstehen. Konkret gesehen führt uns dies die Wichtigkeit der Fähigkeit vor, eigene Gefühlswallungen geistig zu unterdrücken, so daß eine bedrohliche Situation nicht unbedingt eine Antwort erzeugt, sondern eher anteilnahmslos aufgenommen wird und man dann überlegt, ob eine Reaktion wirklich hilfreich ist.

Das japanische Schriftzeichen *nin* für Ninjutsu, Nin-po oder Ninja (dieses Ideogramm wird verschiedentlich ebenfalls *Shinobi* ausgesprochen) bedeutete ursprünglich »Ausdauer, ausharren, zurechtkommen mit«, und das sowohl in körperlichen als auch geistigen Zusammenhängen.

Während der Samurai nicht bloß sein Ziel erreichen, sondern dabei auch eine allgemein anerkannte, würdige Methode anwenden mußte, stand es dem Ninja frei, sich ausschließlich auf sein Ziel zu konzentrieren, da die japanische Gesellschaft ihm ja jegliche öffentliche Anerkennung verwehrte. Aus diesem Grund konnte er sich erlauben, sich den Anschein einer Niederlage oder Demütigung zu geben, während er in Wirklichkeit genau das erreicht hatte, was er von Anfang an wollte. Indem er die eigene Sichtweise und die der anderen verändert, kann der Ninja das gewünschte Resultat erreichen, ohne bei der gegnerischen Partei auch nur den Wunsch nach Rache, Vergeltung oder Abwehr aufkommen zu lassen.

Das Erlernen dieses willentlichen Ertragens bzw. scheinbaren Unwillens zu handeln ist schwieriger, als man annehmen könnte. Wenn Sie einer Gefahr ausgesetzt sind, fühlen Sie normalerweise ein starkes Unbehagen, bis diese gefährliche Situation an Ihnen vorübergegangen ist. Erheben Sie sich und bereiten Sie der Bedrohung ein Ende, und Sie können in Ihre entspannte, ruhige Lage zurückkehren! Einer Gefahr auf diese Weise zu begegnen, ganz gleich, welche Methode Sie dabei anwenden, stellt nicht immer die beste Lösung des Problems dar. Besonders dann nicht, wenn Sic dabci Ihre Stellung offenbaren müssen oder sich durch Ihre Handlung in eine noch größere Gefahr begeben. Es ist weit schwieriger, die Gefahr zu ertragen und stoisch im Angesicht des Todes auszuharren, die eigenen Absichten durch keine Handlungen zu verraten und dabei die Bedrohung ihren eigenen Weg ziehen zu lassen, ohne sie zu behelligen.

Zweite Regel: Arbeiten Sie daran, Ihre Gefühle zu überwinden, damit Sie sich nicht automatisch verteidigen, wenn eine Abwehr überhaupt nicht notwendig ist. Dieses Ziel wird durch geistiges Training erreicht.

Gelingt es dem Ninja nicht, den Lauf der Dinge so zu verändern, daß eine Gefahr schon im Keim erstickt wird oder daß wenigstens die Bedrohung ohne negative Nachwirkungen an ihm vorüberzieht, werden aktive Verteidigungsmaßnahmen in Betracht gezogen.

Viele Leute, die Ninjutsu als reine Kriegskunst betrachten, denken zuerst an körperliche Kampftechniken, wenn sie von Verteidigung reden. In Wirklichkeit kommen diese jedoch erst an dritter Stelle; sie sind die am wenigsten geeignete Methode, um dem Leben Harmonie und Natürlichkeit wiederzugeben und bergen darüber hinaus das größte Risiko eines möglichen Fehlschlages.

Trotzdem beginnt eine heutige Ninja-Ausbildung meist mit körperlichem Training, da eine solide Kenntnis der physischen Gegebenheiten eine notwendige Voraussetzung für jedes geistige oder intellektuelle Wachstum ist. Unbewaffnete Nahkampftechniken oder Waffentraining können als Modelle verwendet werden, um Gefühle und Stimmungen in einer Auseinandersetzung kennen- und verstehen zu lernen.

Dritte Regel: Arbeiten Sie daran, Ihre körperlichen Fähigkeiten so zu vervollkommnen, daß Sie jede Auseinandersetzung siegreich überstehen können. Dieses Ziel wird durch Körpertraining erreicht.

Die körperlichen Selbstverteidigungselemente des Ninjutsu beinhalten eine ganze Reihe von natürlichen Waffen, die zusammen mit anderen

Kampfmitteln zu einer einzigen Kampfkunst verschmolzen werden. Wendet man *Dakentaijutsu*-Schlagtechniken, *Bojutsu*-Stockkampf- oder *Shurikenjutsu*-Wurfklingentechniken an, die Körperdynamik und die Prinzipien zur Energiegewinnung bleiben jedesmal die gleichen. Auch wenn er anstelle der Faust einen Stock verwendet, ändert das nichts an der Bewegungsweise des Ninja in einem Kampf. Ein Schwerthieb erzeugt beim Schattenkrieger das gleiche Gefühl wie irgendeine andere Technik, beispielsweise ein Halbkreisfußtritt.

Zusammengefaßt heißt dies, daß die Ninja-Kampfmethode eher als eine Reihe von Gefühlen als eine Ansammlung von Techniken bezeichnet werden kann. Da jede Persönlichkeit und jeder Körper einzigartig sind, macht das Ninjutsu keinen Versuch, seine Schüler zur Annahme und Nachahmung einer starren Bewegungsreihe zu zwingen. Es gibt ihnen vielmehr Leitlinien und ermutigt sie zur wirkungsvollsten Äußerung aller natürlichen gefühlsmäßigen und körperlichen Reaktionen, die sich während eines Konfliktes oder einer Auseinandersetzung ergeben.

Die Doktrin des Nin-po *Mikkyo* (Geheimwissen) hat ihren Ursprung in der Tantrischen Lehre des fernen Nordindiens bzw. Tibets. Diese philosophische Richtung lehrt, daß alle Aspekte des Lebens und des Seins im allgemeinen von einer gemeinsamen Quelle abstammen und in eine der *Godai,* der fünf elementaren Erscheinungsformen der Materie, eingeordnet werden können. *Chi,* die Erde, symbolisiert hierbei die feste Materie. *Sui,* das Wasser, ist das Symbol aller Flüssigkeiten, und *Ka,* das Feuer, steht für die Verbrennung oder alle energieabgebenden Elemente. *Fu,* der Wind, stellt die Gase dar, und *Ku,* die Leere, steht für die formlose, subatomare Energie, die die Basis jeglicher materiellen Struktur ist. Dieser *Godai*-Symbolismus wird ebenfalls benutzt, um die gefühlsmäßige Natur eines Menschen zu charakterisieren und gibt darüber hinaus eine symbolische Struktur zur Klassifizierung der tatsächlichen Ninjutsu-Kampfprinzipien ab.

Die fünf Godai-Elemente stellen eine Reihe von Codewörtern dar, die man gebrauchen kann, um unsere verschiedenen Reaktionsweisen zu beschreiben. Der Chi-Erde-Einfluß zeigt sich in der Stabilität und der Sturheit einer Persönlichkeit. Der Chi-Kämpfer weicht keinen Millimeter zurück, sondern steht unerschütterlich wie ein Fels und bezwingt seinen Angreifer durch den Einsatz seiner überragenden Körperkräfte. Der Sui-Wasser-Einfluß zeigt sich in der Flexibilität bzw. Emotionalität einer Persönlichkeit. Der Sui-Kämpfer weicht dem Angriff seitlich aus und ist dauernd in Bewegung, bis er seinen Angreifer in eine Stellung hineinmanövriert hat, in der es ihm ein leichtes ist, ihn durch einen wirkungsvollen Gegenangriff zu besiegen. Der Ka-Feuer-Einfluß zeigt sich sowohl in der natürlichen Aggressivität als auch in den Ängsten eines Menschen. Der Ka-Kämpfer greift voller Energie an und verteidigt sich mit einer wilden Entschlossenheit. Der Fu-Wind-Einfluß manifestiert sich in der Weisheit und Liebe einer Person. Der Fu-Kämpfer weicht aus, wehrt ab und läßt die Angriffe des Gegners an ihrem Ziel vorbeischießen. Ku, das fünfte Element, stellt die schöpferischen, kommunikativen Aspekte einer Persönlichkeit dar. Im Kampf äußert es sich durch kreative Spontaneität und Einfallsreichtum.

Folgende Beispiele helfen uns bei dem Versuch der Klassifizierung der körperlichen, gefühlsmäßigen, mechanischen und intellektuellen Unterschiede der fünf symbolischen Grunderscheinungen:

Gefühlsmäßige Reaktionen

Erde	Sie sind Primaner an einem Gymnasium und sehen sich unvermutet einem Ihnen gut bekannten dreizehnjährigen Unruhestifter gegenüber, mit dem Sie noch eine alte Rechnung zu begleichen haben. Sie fühlen sich ihm vollkommen überlegen und handeln aus einer Position der Stärke, ohne dabei im geringsten an mögliche Gefahren zu denken.
Wasser	Sie befinden sich spät in der Nacht in einem leeren U-Bahn-Wagen, als plötzlich ein riesiger, wüst dreinblickender Geselle zu Ihnen ins Abteil steigt. Er bemerkt Sie und bewegt sich mit einem höhnischen Grinsen auf Sie zu. Sie fühlen sich ihm vollkommen ausgeliefert.
Feuer	Sie begegnen einem Teenager, der einige Tage zuvor Ihre Tochter so zusammengeschlagen hat, daß sie bewußtlos ins Krankenhaus eingeliefert werden mußte. Sie fühlen eine wilde, rasende Wut in sich hochsteigen, die Sie jede Zurückhaltung und Vorsicht vergessen läßt.
Wind	Ein normalerweise freundlicher Bekannter hat einen über den Durst getrunken, beginnt sich mit Ihnen wegen eines Mißverständnisses zu streiten und fängt an, handgreiflich zu werden. Sie fühlen Mitleid mit ihm, beschränken sich auf eine milde Verteidigung und verzichten auf Gegenangriffe.

Körperliche Spannungszentren und Ausgangsorte der Bewegungen

Erde	Oberschenkel und Gesäß
Wasser	Unterleib, Nabelgegend
Feuer	Solarplexus
Wind	Zentrum des Brustkastens, Herzgegend

Quellen der Körperdynamik

Erde	Muskelkraft
Wasser	Wucht
Feuer	Energie
Wind	Versöhnung

Aussehen Ihrer Kampfhandlungen

Erde	Nichts kann Ihnen etwas anhaben oder Sie verletzen. Sie stehen wie ein Fels in der Brandung.
Wasser	Sie scheinen unfaßbar zu sein und finden sich doch jedesmal zu einem Gegenangriff bereit.
Feuer	Sie können nicht aufgehalten werden. Es gibt keine Möglichkeit, Ihre wilden Angriffe zu unterbrechen oder abzuwehren.
Wind	Sie sind nicht in den Griff zu bekommen, entziehen sich jedem Angriff und nutzen die Kraft des Gegners zu Ihrem eigenen Vorteil.

Charakteristische Körperbewegungen

Erde	auf und nieder
Wasser	seitwärts
Feuer	vorwärts und rückwärts
Wind	Drehbewegungen um die Längsachse

Charakteristische Fußarbeit

Erde	Ihre Füße stehen fest auf dem Boden; sie sind unbeweglich.
Wasser	Sie führen Zickzackbewegungen nach rückwärts aus, um die gegnerischen Angriffe seitlich an Ihnen vorbeiziehen zu lassen.
Feuer	Sie laufen oder gleiten vorwärts, möglicherweise drücken Sie den Gegner in Ihre Angriffsrichtung.
Wind	Sie führen kreisförmige, gleitende Ausweichbewegungen aus.

Die jeweiligen Eigenarten dieser grundsätzlichen Erscheinungsformen werden durch charakteristische Stellungen reflektiert. Diese *Kamae* (Stellungen) werden spontan eingenommen, wenn der Körper sich plötzlich einer Auseinandersetzung ausgesetzt sieht. Jede Kampfstellung ist ein körperlicher Widerhall der vorherrschenden Gefühle, des Charakters und der Laune. Ob es sich um einen Kampf ohne Waffen handelt oder dabei Schwert, Messer, Stock oder Ketten- und Seilwaffen gebraucht werden, spielt nicht die geringste Rolle.

Zu einem besseren Verständnis der Philosophie der Ninjutsu-Kampfstellungen ist es wichtig zu wissen, daß eine Stellung niemals als statische Pose betrachtet werden darf. In einem Buch ist es jedoch unmöglich, die sprühende Energie und die Dynamik der Ninjutsu-Kamae in einer tatsächlichen Kampfsituation auszudrücken. Eine Photographie vermittelt den falschen Eindruck, daß der Ninja die betreffende Position während der ganzen Kampfzeit beibehält. In Wirklichkeit ist dies nicht der Fall; ganz im Gegenteil. Ein Ninja nimmt eine Stellung nur für eine Zeitspanne von Sekunden ein; sobald sie nicht mehr nützlich ist, wird sie aufgegeben. Ein Photo eines Ninja in Kampfstellung könnte man mit einem Basketballspieler vergleichen, den ein Schnappschuß beim Sprung unter dem Körbchen in der Luft festgenagelt hat. So, wie kaum jemand annehmen würde, daß dieser Spieler dauernd in der Luft schwebt, darf auch niemand annehmen, daß der Ninja in einer festgefrorenen Kampfstellung verharrt. Dauernde Fußarbeit ermöglicht eine laufende Distanzkorrektur, seitliches Ausweichen und kontinuierliches Verändern der Stellungen.

Erde-Element

Unbewaffnete
Natürliche Stellung
(Taijutsu-Shizen-no-Kamae)

Unbewaffneter
»Unerschütterlicher« Sitz
(Taijutsu-Fudo-za)

Kniender Sitz mit Schwert
(Kenjutsu-Seiza)

Kurze Kette im Gürtel
in Bereitschaftsstellung
(Kusarifundo-Shizen-no-Kamae)

Wasser-Element

Unbewaffnete Abwehrstellung
(Taijutsu-Ichimonji-no-Kamae)

Unbewaffnete »Tiger«-Abwehrstellung
(Taijutsu-Doko-no-Kamae)

Unbewaffnete »Kranich«-Abwehrstellung
(Taijutsu-Hicho-no-Kamae)

Abwehrstellung mit Schwert
in mittlerer Stellung
(Kenjutsu-Ichi-no-Kamae)

Obere Abwehrstellung mit dem Stock
(Bojutsu-jodan uke-no-Kamae)

Feuer-Element

Unbewaffnete Angriffsstellung
Taijutsu-Jumonji-no-Kamae)

Unbewaffnete Angreifende Stellung
(Taijutsu-Kosei-no-Kamae)

Spalthiebstellung mit dem Schwert
(Kenjutsu-jodan-no-Kamae)

Mittlere Stoßstellung mit dem Stock
(Bojutsu-chudan-no-Kamae)

Schlagstellung mit der Kurzen Kette
(Kusarifundo-Ichi-no-Kamae)

Wind-Element

Unbewaffnete Empfangende Stellung
(Taijutsu-Hira-no-Kamae)

Unbewaffnete »Bär«-(Offene)Stellung
(Taijutsu-Hoko-no-Kamae)

»Himmel und Erde«-Stellung mit dem Stock
(Bojutsu-Techi-no-Kamae)

»Silberweide«-Stellung mit Schwert
(Kenjutsu-Ryusui-no-Kamae)

Empfangende Stellung mit der Kurzen Kette
(Kusarifundo-Hira-no-Kamae)

Verwachsene Grasflächen überwuchern
nach und nach einen Berghang,
und die Wurzeln der Kiefern spalten
die stärksten Felsbrocken.
Genauso leicht besiegen Einfallsreichtum und
kreative Voraussicht des Ninja
den unbeweglichen Feind,
der im Morast seiner eigenen
schwerfälligen Begrenztheit
gefangen ist.

Drittes Kapitel

Taihenjutsu: Sprungtechniken des Ninja

Die unbewaffneten Kampftechniken des Ninjutsu werden als *Taijutsu* (Körperkünste) bezeichnet. Dieser Sammelbegriff läßt sich in drei große Gruppen einteilen:

1. *Dakentaijutsu*-Schlagtechniken: Sie beinhalten *Koppojutsu*-Knochenbrechtechniken mit Faust und Fußsohle und *Koshijutsu*-Finger- und Zehenstiche gegen Organe oder Muskeln.

2. *Jutaijutsu*-Haltetechniken: In diese Gruppe gehören *Nage*-Würfe, *Shime*-Würgegriffe und *Torite*-Nahkampfumstoßtechniken und Haltegriffe.

3. *Taihenjutsu* – die Kunst der Körperbewegungen: Hier findet man *Ukemi*-Falltechniken, *Tobi*-Sprünge, *Taisabaki*-Ausweichbewegungen des Körpers und *Shinobi Iri* – geräuschloses Sich-Vorwärtsbewegen.

Obschon es von großer Wichtigkeit für eine echte Kampfkunst ist, vernachlässigen die meisten Kriegskünste die Fähigkeit, richtig zu fallen und im selben Augenblick wieder hochzuspringen, um weiterzukämpfen oder zu entfliehen. Eine umfassende Selbstverteidigung überschreitet die engen Grenzen und Regeln der heutigen Kampfsportarten. Echte Kampfbereitschaft bedeutet nicht nur, daß ein durchtrainierter Kämpfer einen konventionellen Faustkampf siegreich überstehen soll, er muß vielmehr auch fähig sein, sitzend in einem Zugabteil zu kämpfen oder sich gegebenenfalls in einer engen Besenkammer, zwischen den Stühlen des Eßsaales eines Hotels oder beim Hinunterlaufen einer Feuertreppe zu behaupten. Daneben gehört zu einer vollkommenen Selbstverteidigung beispielsweise das Abspringen von einem fahrenden Laster, das Überspringen einer hohen Mauer, um einem angreifenden Wachhund zu entgehen, oder das blitzschnelle Hinwerfen auf den Boden, um einem Gewehrschützen kein Ziel zu bieten.

Die Ninja-Taihenjutsu-Techniken werden zuerst im Zeitlupentempo aus einer tiefen, hockenden Stellung auf einer federnden Turnmatte gelehrt. Nachhaltig wird auf die Prinzipien des Senkens des Schwerpunktes, des Ausatmens und der Körperentspannung während der Ausführung hingewiesen. Hat der Schüler einmal den Ablauf der Technik im Gefühl, so wird auf einer Wiese weitertrainiert, um der Ausbildung eine realistischere Note zu geben. Später wird auf Asphaltstraßen, Treppen usw. übergegangen, denn dies sind die Orte, an denen diese Fähigkeiten im Ernstfall unbedingt beherrscht werden müssen.

1

2

3

DIE VORWÄRTS-ROLLE

Der Verteidiger wendet die Vorwärtsrolle an, wenn er hingeworfen oder nach vorne auf den Boden gezogen wird. Die natürliche Bewegung und Energie der gegnerischen Angriffstechnik werden durch das Abrollen des

Vorwärtsrolle

Aus der Unbewaffneten Abwehrstellung heraus (1) wird der Körper nach vorne gebeugt (2), so daß er, vom ausgestreckten Leitarm und der Schulter ausgehend, einen Bogen bildet. Ziehen Sie Ihren Kopf nach unten und rollen Sie sich wie eine Katze nach vorne ab (3). Sie berühren

Körpers erhalten und sogar verstärkt, so daß der Verteidiger sie benutzen kann, um am Ende der Rolle wieder auf die Füße zu kommen, anstatt auf Gesicht und Brust liegen zu bleiben.

4

den Boden nacheinander mit dem Leitarm, der Schulter, dem Rücken und schließlich den Hüften (4). Lassen Sie Ihre Beine an den Körper gepreßt (5), bis Sie von der Rollbewegung (6) wieder automatisch auf die Füße gezogen werden.

5

6

Vorwärtsrolle, praktische Anwendung

4

5

6

DIE RÜCKWÄRTSROLLE

Der Verteidiger wendet die Rückwärtsrolle an, wenn er vom Angreifer rückwärts auf den Boden geworfen oder gezogen wird. Die natürliche Bewegung und die Energie der gegnerischen Angriffs-

1

Rückwärtsrolle

Treten Sie aus der Unbewaffneten Abwehrstellung heraus (1) nach hinten und lassen Sie sich dann senkrecht zu Boden fallen (2). Beugen Sie dabei den Rücken nach vorn und ziehen Sie den Kopf

2

technik werden durch das Senken des Gesäßes und das Anziehen der Beine noch verstärkt, so daß der Körper nach hinten abrollen und wieder auf den Füßen landen kann.

3

4

ein (3), während Sie sich nach hinten abrollen lassen. Dabei lassen Sie Ihre Beine an den Körper gepreßt (4+5) bis die Rollbewegung Sie wieder auf die Füße bringt.

5

Rückwärtsrolle, praktische Anwendung

1

DER VORWÄRTS-HANDSPRUNG

Verschiedene Angriffstechniken, die den Verteidiger nach vorne fallen lassen, werden durch den Vorwärtshandsprung neutralisiert. Hierbei wird das Körpergewicht blitzschnell auf die ausgestreckten Arme verlagert und der Körper

2

3

Vorwärtshandsprung

Aus einer aufrechten Stellung (1) springen Sie mit ausgestreckten Armen nach vorne und nach unten (2), so daß Ihr Körpergewicht sich über den sich beugenden Armen befindet (die Ellbogen sollten etwas gebeugt werden, damit Ihre Arme das Körpergewicht ohne gesundheitsschädliche Nachwirkungen abfangen können) (3). Drücken Sie sich sofort mit den Armen

krümmt sich zusammen, so daß die angezogenen Beine über den Kopf nach vorne geworfen werden. Der Verteidiger kommt mit den Füßen auf dem Boden auf und fällt sofort wieder in eine Kampfstellung.

4

5

nach oben (4), während Sie die angewinkelten Beine ruckartig nach vorne (d.h. in Fallrichtung) ausstrecken. Pressen Sie den Rücken nach hinten durch und drücken Sie Ihre Hüften in dieselbe Richtung wie die Füße (5). Schließlich folgt der Rest des Körpers nach (6), und Sie fallen wiederum in eine stehende Kampfstellung.

6

Vorwärtshandsprung, praktische Anwendung

4

5

6

DER SEITLICHE HANDSPRUNG

Wird der Verteidiger seitwärts zu Boden geschlagen oder geworfen, so gebraucht er den seitlichen Handsprung, um die Wirkung der gegnerischen Angriffstechnik aufzufangen. Das Körpergewicht wird dabei auf die be-

Seitlicher Handsprung

Aus der Unbewaffneten Abwehrstellung (1) springen Sie seitwärts (2), während Sie gleichzeitig Ihre Leitschulter senken. Sobald Ihre Leithand den Boden berührt (3), schnellen Ihre Füße hoch, reißen die Hüften durch ihre Energie nach oben und

treffende Seite verlagert, die Handflächen nacheinander auf dem Boden aufgesetzt und die Füße über den Kopf gebracht. Nach einer radähnlichen Bewegung erreichen sie wieder den Boden.

3

über Ihre Schultern hinweg. Strecken Sie Ihre Beine weit auseinander, so daß die rollende Bewegung Sie so weit wie möglich von Ihrem Ausgangsort wegträgt. Der seitliche Krafteinsatz (4+5) sollte Sie wieder auf Ihre Füße hochziehen.

4

5

1

2

Seitlicher Handsprung, praktische Anwendung

3

4

5

1

2

Seitlicher Sprung

Aus der Unbewaffneten Empfangenden Stellung heraus (1) reißen Sie Ihre Hüften in die Sprungrichtung (2), ziehen blitzartig das Leitbein hoch und drücken das Standbein kräftig durch. Springen Sie so weit wie möglich auf einer Linie seitwärts. Hüpfen Sie dabei nicht auf und nieder (3). Das Kraftzentrum befindet sich in

3

4

den Oberschenkeln und Hüften, und der Oberkörper versucht nicht, sich an der Aktion zu beteiligen, um dem Sprung mehr Schwung zu verleihen. Sie landen auf dem Leitbein (4), setzen dann auch den zweiten Fuß platt auf den Boden (5) und nehmen wieder die Empfangende Stellung ein.

5

Seitlicher Sprung, praktische Anwendung

1

2

3

Seitliche Rolle

Von der Unbewaffneten Stellung ausgehend (1), bringen Sie Ihren Körperschwerpunkt über eines der Beine (2) und schwingen das frei gewordene Bein in einem Bogen vor dem Standbein nach oben. Dann lassen Sie blitzschnell Ihr Gesäß zu Boden gehen (3) und heben das gestreckt gehal-

4

5

tene Bein hoch, so daß der Körper über den Rükken nach hinten abrollt (4). Halten Sie die Beine ausgestreckt, bis sie den Boden berühren. Benutzen Sie den Schwung der Rolle, um wieder hochzukommen (5), und nehmen Sie wieder eine stehende Stellung an (6).

6

Seitliche Rolle, praktische Anwendung

4

5

6

Der Stahl der Erde
und das Holz des Waldes,
im Feuer gehärtet
und im Fluß gereinigt,
werden zu Dienern
deiner Absichten.
Gebrauche deine Waffen mit Vorsicht,
ergreife sie nur,
wenn der Lauf der Dinge es erfordert.

Viertes Kapitel

Kampftraining: Ninjutsu-Methoden zur Überwindung von Angreifern

Die sich ständig weiterentwickelnden Kampfmethoden des Togakure-Ryu-Ninjutsu werden mühelos mit jeder Veränderung oder Akzentverschiebung der Angriffstechniken fertig. Sie gründen nämlich auf einem zeitlosen Verständnis des menschlichen Verhaltens und Körperbaus, das die engen Grenzen zeitlich ausgerichteter Techniken bei weitem überschreitet. Aus diesem Grund bilden sie eine verläßliche, praktische Selbstverteidigungsmethode, die alle natürlichen körperlichen und gefühlsmäßigen Neigungen eines Menschen einbezieht. Diese Praxisbezogenheit muß die Kernphilosophie jedes wirksamen Kampfsportes bilden.

Die Kunst des Ninjutsu wurde weder als Selbstzweck entwickelt und trainiert, noch gab es symbolische Ziele wie Gürtelabzeichen oder sportliche Titel zu gewinnen. Sie war vielmehr eine wirksame, sofort anwendbare Methode, um die Absichten mit einem Minimum an Gefahr für die eigene Person zu verwirklichen.

Der Schwerpunkt des Ninja-Trainings liegt weniger im Erlernen der eigentlichen Techniken als in der Bewußtwerdung der Gefühle, die während ihrer Anwendung auftreten. Unterrichtseinheiten im Dojo oder draußen in einer natürlichen Umgebung vermischen unbewaffneten Nahkampf mit Stocktechniken, Schwerthieben und Seiltechniken und lassen so eher das Gefühl eines allumfassenden Verteidigungssystems aufkommen, als daß man die einzelnen Spezialitäten als unabhängig voneinander betrachten würde. Wendet man diese Methode an, ist zwar die Lernzeit länger, da man sich die verschiedenen Konzepte verinnerlichen muß, ohne dabei auf die Hilfe falscher oder unnützer Einzelheiten zurückgreifen zu können, doch das Erlernte sitzt sehr tief. Das Auswendiglernen einer gegebenen Anzahl von Techniken jedes Spezialfachs bietet hingegen einen zeitlichen Vorteil, ist jedoch bei weitem zu oberflächlich.

Beim Trainieren von Selbstverteidigungstechniken unterscheidet man zwei fundamentale Bereiche: den Geist und den Körper. Der erste Schwerpunkt beruht darauf, unbewußte, spontane körperliche und geistige Reaktionen auf einen Angriff hervorzubringen. Hierbei soll keineswegs eine starre, einprogrammierte »Erst schlagen, dann denken«-Mentalität herangebildet werden, sondern vielmehr eine natürliche, entspannte Antwort, die durch ständiges Üben studiert wird und deshalb auf bewußte, geistige Vorarbeit verzichten kann. Ein derartiges Handeln kann man beispielsweise beobachten, wenn Sie in einem schnittigen Sportwagen einen Berg hinauffahren. Sie bemerken, daß es zusehends steiler wird, kuppeln aus und schalten zurück, um den Motor zu entlasten. Diese ganze Handlung erfolgt völlig unbewußt; jede geistige Einmischung ist überflüssig.

Der zweite Trainingsschwerpunkt beinhaltet das eigentliche Erlernen von wirksamen, der Situation angepaßten Abwehrtechniken. Das Wissen um diese körperlichen Fähigkeiten ist wichtig, da erst sie den Kämpfer in die Lage versetzen, die richtige Antwort auf einen Angriff zu geben.

Das bei weitem wichtigste Ziel des Trainings ist jedoch die Programmierung des Geistes, da ohne die richtige geistige Einstellung selbst die besten Kampftechniken im Ernstfall nichts nützen.

Um wirksames Ninjutsu-Training richtig zu verstehen, ist es unumgänglich, sich folgende Punkte genauestens zu merken:

1. Seien Sie stets hundertprozentig. Lassen Sie Ihr Bewußtsein jeden Moment festhalten, als existiere sonst nichts für Sie auf der ganzen Welt. Konzentrieren Sie sich ausschließlich auf Ihr Ziel und Ihre Handlungen.
   Lassen Sie Ihren Geist während des Trainings nicht umherwandern.
2. Halten Sie Ihren Körperschwerpunkt stets so tief wie möglich, ohne dabei jedoch die Flüssigkeit der Bewegungsabläufe zu beeinträchtigen.
   Konzentrieren Sie Ihre Kraft nicht in Schultern oder Oberkörper.
3. Ihre Bewegungen sollen flüssig und entspannt sein und die Kraft der Techniken erst im letzten Augenblick abgeben.
   Verkrampfen Sie sich nicht, indem Sie versuchen, die Techniken von Anfang an unter Muskelanspannung auszuführen.
4. Legen Sie Ihr gesamtes Körpergewicht hinter jeden Ihrer Schläge.
   Versuchen Sie nicht, den Angreifer bloß mit der Muskelkraft einzelner Glieder abzuwehren oder zu kontern.

5. Ihre Fußarbeit sollte schnell und angemessen sein.
Behalten Sie nicht dieselbe Stellung über einen längeren Zeitraum hinaus bei.
6. Atmen Sie im richtigen Rhythmus, um Kraft zu sparen bzw. zurückzugewinnen. Atmen Sie während der Ausführung der Techniken aus und bei Rückzugs- oder Vorbereitungsbewegungen ein.
Blockieren Sie Ihre Atmung nicht bei der energieabgebenden Ausführung einer Technik.
7. Achten Sie ständig auf Ihre Blickrichtung und halten Sie Ihren Gegner dauernd im Auge.
Konzentrieren Sie sich nicht zu sehr auf die eigene Technik, so daß Sie von einer Veränderung der gegnerischen Angriffsweise oder -stellung überrascht werden könnten.
8. Verlieren Sie den eigentlichen Sinn einer angewandten Technik nie aus den Augen.
Versuchen Sie nicht krampfhaft, eine Technik weiterzuführen, die längst nicht mehr gebraucht wird.
(Wenn der Angreifer Sie losläßt, bevor Sie Ihren Handgelenkhaltegriff anbringen können, so ist dies eine für Sie erfreuliche Begebenheit, da der Sinn Ihrer Handlung darin bestand, von dem Gegner loszukommen und nicht, eine Lehrbuchtechnik auszuführen.)
9. Nutzen Sie jeden Augenblick aus, um Ihr persönliches Wissen und Ihre Kraft zu erhöhen.
Üben Sie nicht bloß um des Übens willen oder um sich zu disziplinieren.

Folgende Trainingsbeispiele sollen die Ninja-Kampfmethode illustrieren. Es ist nicht notwendig, die angeführten Techniken auswendig zu lernen, da ihr Sinn eher darin liegt, als Richtlinien für das Verständnis verschiedener Prinzipien zu dienen. Letztlich ist es nicht wichtig, Dutzende von roboterähnlichen Bewegungsserien auswendig zu können, sondern jeden Beitrag des Intellektes auszuschalten. Wenn Ihre Kampffähigkeiten auf auswendig gelernten Techniken beruhen, werden Zeit und menschliches Vergessen Ihre Kampfkraft immer weiter schwächen, selbst wenn Sie nur kurzfristig das Training unterbrechen. Sind Ihre Fähigkeiten hingegen das Restprodukt eines Säuberungsprozesses, der alle mechanischen, den Geist einschränkenden Denkprozesse entfernt, so werden Sie das Vergessen nicht zu fürchten brauchen.

Sie werden nämlich in diesem Fall das Gebot des ununterbrochenen Trainings transzendiert haben, den Zustand des »Werdens« weit hinter sich gelassen und zu einem Zustand des »Seins« aufgestiegen sein.

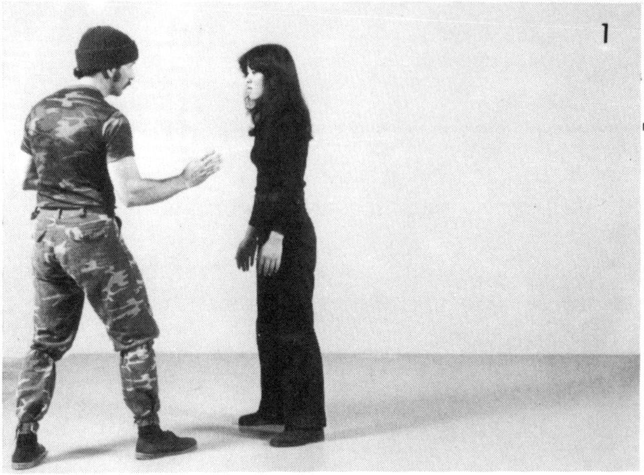

Würgegriff mit einer Hand Erste Befreiungsmöglichkeit

Aus einer Bereitschaftsstellung (1) ergreift der Angreifer die Verteidigerin (2) mit einer Hand um den Hals und würgt sie. Die Verteidigerin reagiert sofort (3): sie macht einen Schritt zurück in eine stabile Abwehrstellung (4) und löst dabei die Hand des Angreifers. (A zeigt die richtige Handhaltung beim Aufbrechen des

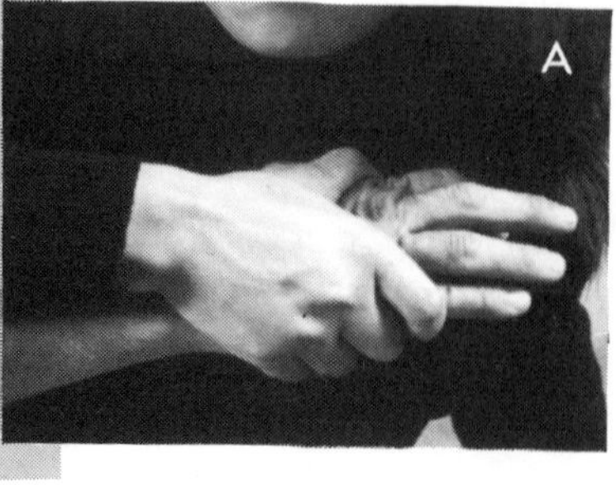

Würgegriffs.) Sie fällt noch weiter nach hinten aus (5) und verdreht dabei das Handgelenk des Gegners, um ihn zu Boden zu zwingen (6). (B zeigt die dazu richtige Handhaltung.) Die Verteidigerin setzt die Bewegungsenergie ihres ganzen Körpergewichtes und nicht bloß ihre Armmuskulatur ein, um den Angreifer zu bezwingen.

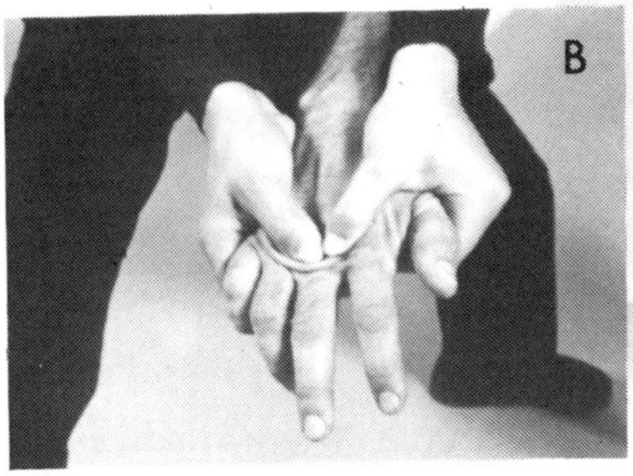

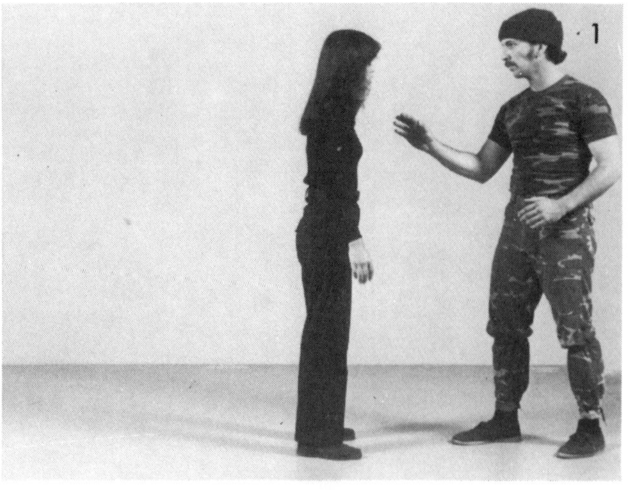

Würgegriff mit einer Hand Zweite Befreiungsmöglichkeit

Aus einer Bereitschaftsstellung (1) hat der Angreifer die Verteidigerin am Hals ergriffen (2). Sie geht

3

mit dem Angriff mit (2+3) und tritt nach hinten in eine Abwehrstellung zurück (4), während sie sich von

4

5

der würgenden Hand befreit. Sie tritt weiter nach hinten zurück (5+6), während sie das Handgelenk des Gegners nach innen

8

drückt und dann in einem großen Bogen nach außen dreht (7–9). Der Angreifer wird zu Boden geworfen.

9

Verteidigung gegen einen Wiederholungsangriff

Aus einer Abwehrstellung heraus (1) beobachtet der Verteidiger, wie der Angreifer zu einem Fauststoß seiner rechten Leithand zum Kopf ansetzt (2). Er reißt seinen Vorderfuß nach außen und nach hinten (3) und schlägt mit der Faust gegen das an-

4

5

greifende Glied des Gegners. Der Angreifer geht mit der Bewegung seines zur Seite geschlagenen Armes mit (4), dreht sich blitzschnell um die eigene Achse (5) und setzt aus der Drehung heraus zu einem Fußtritt (6) gegen die Brust des Verteidigers an.

6

7

8

Schnellt das gegnerische Bein hoch (7), kontert der Verteidiger mit einem Fußtritt auf die Rückseite des angreifenden Beines, das wieder auf den Boden zurückgeworfen wird (8). Der Angreifer greift jetzt aus der Drehung heraus mit einem horizontalen

9

Hammerfaustschlag zum Kopf des Verteidigers an (9). Der Verteidiger duckt sich, um der Faust zu entgehen, springt dann nach vorn (10+11) faßt den Gegner mit einem Halspreßgriff und drückt ihn nach hinten und nach oben (12).

Abwehr gegen einen Faustangriff

Aus einer Abwehrstellung heraus beobachtet die Verteidigerin (1), wie der Angreifer zu einem hakenähnlichen Faustangriff zu ihrem Kopf ansetzt (2). Sobald der Angriff sich in der Endphase befindet (3), duckt sie sich blitzschnell, um ihm zu entgehen. Bei dieser Bewegung wird der ganze Körper nach unten gerissen, d. h.,

4

man duckt sich nicht nur wie beim Boxen. Sobald die Gefahr vorüber ist, springt die Verteidigerin mit Hilfe der Spannkraft ihrer gebeugten Beine auf (4) und macht dabei einen Schritt nach vorn, um so einen Schlag gegen die Rippen des Gegners mit der Energie ihres ganzen Körpergewichtes anbringen zu können (6). Sie

5

6

7

8

gleitet dann nach vorne, reißt dabei das Vorderbein hoch, schlägt mit ihrem Schienbein gegen die Geschlechtsteile des Angreifers (7–9) und tritt anschließend mit der Ferse gegen das Knie des Feindes (10+11). Da die Verteidigerin nicht so stark wie der Angreifer ist, muß sie seinen Schlägen aus-

9

10

11

weichen und den eigenen Konterangriffen die nötige Kraft geben, indem sie mit ihrem ganzen Körper schlägt. Der zu Boden gegangene Gegner wird schließlich mit einem Fersenstampftritt auf die Innenseite des Beines vollends kampfunfähig gemacht (12).

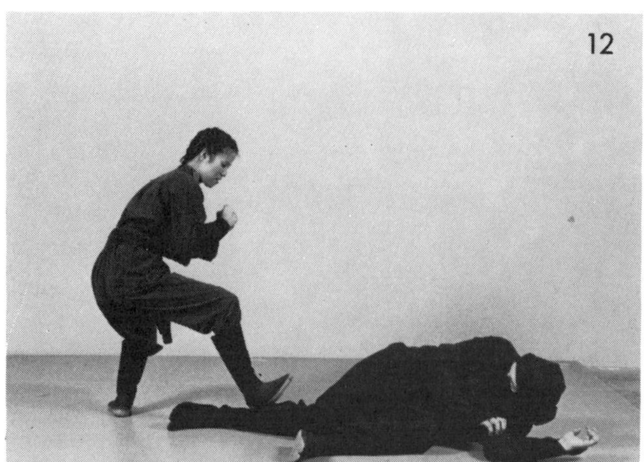

12

Messerabwehr mit einem Messer (I)

Aus einer Empfangenden Stellung heraus (1) beobachtet die Verteidigerin, wie der Angreifer sie mit horizontalen Schnittangriffen gegen ihre Hände und ihren Rumpf angreift (2). Will der Angreifer wieder einen solchen Angriff machen, zieht sie ihren Körper ruckartig nach hinten, pendelt jedoch sofort wieder in ihre ursprüngliche Stellung zurück (3) und sticht den Angreifer in den bewaffneten Unter-

arm. Während ihre Waffe sich ins Fleisch des Gegners eingräbt, tritt sie nach vorne, um mit ihrem Körpergewicht und ihrer Stellung zu verhindern, daß der Feind noch einen weiteren Messerangriff gegen sie ausführen kann (4). Sie gebraucht ihre Bewegungsenergie, um hinter den Gegner zu gelangen (5), holt aus und sticht ihr Messer mit der Kraft ihres ganzen Körpers ins Ziel (6).

Messerabwehr mit einem Messer (II)

Aus einer Empfangenden Stellung heraus (1) beobachtet die Verteidigerin, wie der Angreifer sie mit horizontalen Schnittangriffen gegen ihre Hände und ihren Rumpf angreift (2). Als er wieder einen derartigen Schnittangriff durchzieht, reißt die Verteidigerin ihren Körper ruckartig nach hinten, pendelt jedoch sofort zurück, erfaßt gleichzeitig (3) ohne zu zögern den gegnerischen bewaffneten Arm und bringt ihm eine

tiefe Schnittwunde auf der Innenseite des Unterarmes bei. Dann fährt sie mit der Bewegung fort, läßt das Messer unter dem Arm des Angreifers hindurchgleiten (4), bringt es nach oben (5) und preßt es dem nun wehrlosen Angreifer an die Kehle. Wenn sie ihr Leben retten muß, braucht sie das Messer nur nach vorne und nach unten zu ziehen, um dem Gegner eine tödliche Schnittwunde beizubringen (6).

Abwehr eines doppelten Faustangriffes

Aus einer Verteidigungsstellung heraus (1) beobachtet die Verteidigerin, wie der Angreifer zu einem doppelten Faustangriff gegen sie ansetzt. Sie gleitet zurück und nach innen (2) und wehrt den angreifenden Arm mit einem schmerzvollen Gegenschlag ab. Der Angreifer zieht sich etwas zurück (3), stößt jedoch sofort wieder mit seiner Linken vor, um den zweiten Fauststoß anzubringen. Die Verteidigerin gleitet

4

nach vorne in die Angriffsstellung und blockt die gegnerische Körperbewegung mit ihrem vorgestreckten Ellbogen (4) ab. Diese plötzliche, unerwartete Vorwärtsbewegung läßt den angreifenden Arm sein Ziel verfehlen und am Opfer vorbeischießen. Die Verteidigerin bringt nun einen Handballenschlag zum Gesicht des Gegners an (5) und reißt ihn anschließend mit einem äußeren Armhebel zu Boden (6).

5

6

1

2

Abwehr einer Angriffskombination

Aus einer Abwehrstellung heraus (1) beobachtet der Verteidiger, wie der Angreifer zu einem Fußfegetritt gegen sein Vorderbein ansetzt (2+3). Um dem Angriff zu entgehen, zieht der Verteidiger das

betreffende Bein zurück und hebt den Fuß dabei hoch (4). Der Angreifer springt daraufhin nach vorne, um einen Faust-stoß mit der Vorderhand zu den Rippen des Vertei-digers anzubringen (5),

6

7

der diesen Angriff nach unten abblockt (6) und das schon angewinkelte Bein gebraucht, um anschließend gegen den Rumpf des Gegners zu treten (7+8). Dann gleitet er nach vorne in eine An-

8

9

10

griffsstellung (9), macht den Gegner mit einem Handkantenschlag kampfunfähig (10) und wirft ihn mit der gleichen Bewegung nach hinten (11).

11

Abwehr eines Preßangriffes

Der Angreifer reißt den Verteidiger am Jackenrevers und preßt ihn mit dem Rücken gegen eine Mauer (1–3). Als er zu einem Schlag ausholt, beugt der Verteidiger sich nach vorn und senkt den Kopf, um den Schlag abzufangen (4). In dem Moment, da der Gegner zuschlagen will, läßt er sich nach vorne fallen (5). Das Hineingehen in den Angriff und das Senken des Körperschwerpunktes machen ein Ausführen des Schlages unmöglich. Als nächstes bricht der Verteidiger den verbleibenden Griff des Angreifers, indem er seinen rechten Arm hochstreckt und ihn eine kreisförmige Bewegung nach außen vollziehen läßt (6), während er gleichzeitig etwas in die Knie geht. Dann preßt er den gegnerischen Arm an seinen eigenen gesenkten Körper (7) und dreht sich weiter in Richtung des Armschwunges (8). Dies übt einen äußerst

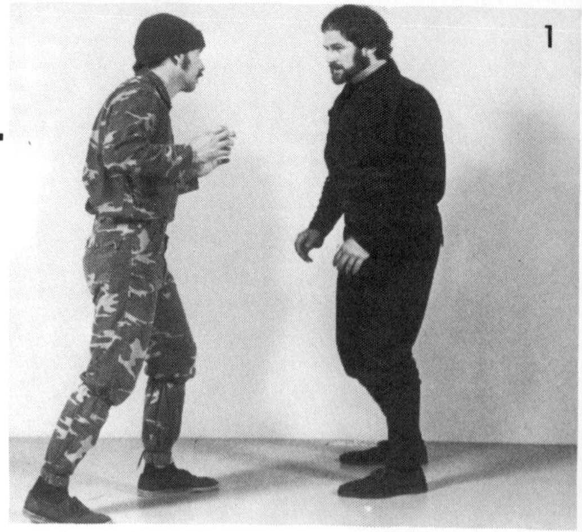

2

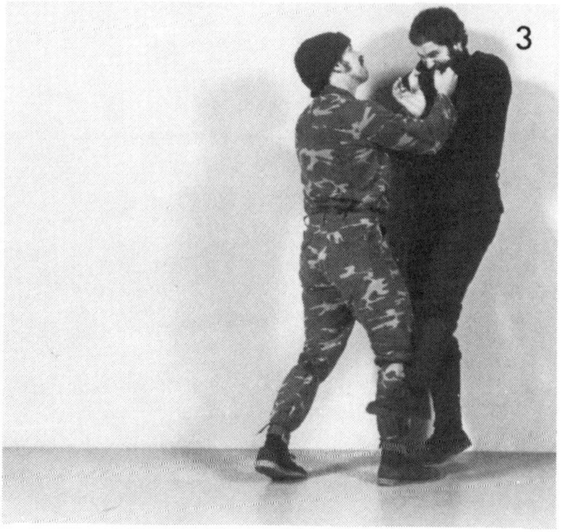
3

5

6

8

schmerzvollen Druck auf Ellbogen und Schulter des Angreifers aus, dem es nun durch die Drehung seines Körpers unmöglich ist, den Schlag noch auszuführen. Der Verteidiger hebt jetzt den eigenen Ellbogen hoch, senkt seinen Körperschwerpunkt und lehnt sich nach hinten (9). Der Gegner wird mit dem Rücken gegen die Mauer geworfen. Dann greift er den Aggressor (10), senkt wiederum seinen Körperschwerpunkt und schwingt den Gegner nochmals mit aller Kraft gegen die Mauer (11+12). Kniestöße (13+14) gegen die Beine des Feindes befördern diesen zu Boden (15+16) und beenden den Kampf.

10

11

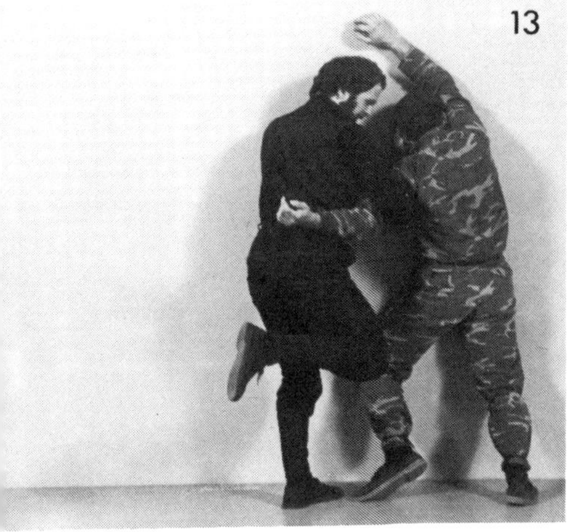
13

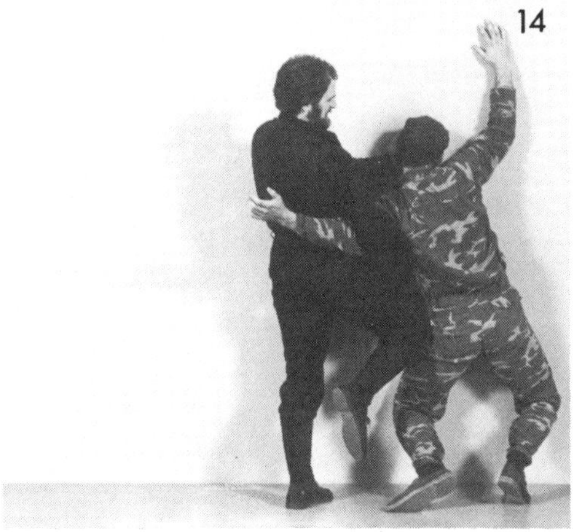
14

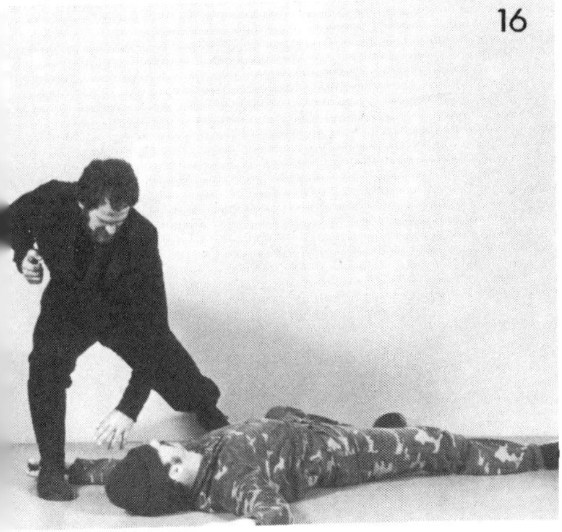
16

1

2

Offensive Verteidigung

Aus einer Angriffsstellung heraus (1) ist der Verteidiger bereit, sich offensiv gegen den Angreifer zur Wehr zu setzen. Sobald er sich jedoch bewegt, springt der Gegner nach vorn (2), um ihm einen Faustschlag gegen den

3

4

Kopf zu versetzen. Der Verteidiger fällt in eine tiefe Stellung auf der Innenseite des feindlichen Schlages zurück (3+4) und schlägt mit seiner Vorderfaust gegen die Unterseite des ausgestreckten gegnerischen

5

6

7

Angriffsarmes. Dann tritt er auf dessen Vorderfuß und zwingt den Angreifer auf diese Weise, seine Stellung beizubehalten (5+6). Gleichzeitig lehnt er sich nach vorn, um den Feind mit einem Daumen-

8

9

stich gegen die oberen Rippen nach hinten zu befördern (7). Ein Zwei-Hände-Druck auf das nun weit nach vorne stehende Knie preßt den Gegner zu Boden oder bricht ihm das Fußgelenk (8–10).

10

1

2

Verteidigung gegen eine Angriffskombination

Aus einer Abwehrstellung heraus (1) beobachtet die Verteidigerin, wie der Angreifer zu einem Fauststoß mit der Vorderfaust ansetzt (2). Sie gleitet nach hinten und nach außen, um der Faust auszuweichen und kontert mit

3

4

einem schnellen Schlag gegen den gegnerischen Unterarm (3). Dieser Konterschlag ist in Wirklichkeit ein Angriff aus der Abwehrstellung heraus und nicht eine reine Abwehr. Da der Gegner weiter vorgeht (4+5) und mit seiner

5

6

7

Rechten gegen die Rippen der Verteidigerin schlagen will, springt diese nach vorne, außen am angreifenden Arm vorbei und gebraucht dabei ihre Vorderhand, um den gegnerischen Angriff in eine andere Richtung zu drük-

8

9

ken (6). Danach bringt sie den Gegner mit einem lähmenden Kniestoß gegen den Oberschenkel zu Fall (7–9) und macht ihn anschließend mit einem Knöchelstoß gegen Rippen oder Hals vollends kampfunfähig (10).

10

Metsubushi-Verteidigung gegen einen Schwertangriff

Aus einer Empfangenden Stellung heraus (1) beobachtet die Verteidigerin, wie der Angreifer zu einem senkrechten Schwerthieb gegen sie ausholt (2). Sie

3

4

weicht zurück in die Abwehrstellung, sobald der Gegner das Schwert hebt (3). Aus einer versteckten Innentasche ihrer Jacke

5

zieht sie ein Päckchen Metsubushi (Blendpulver), das sie dem Angreifer in die Augen wirft (4). Er versucht blindlings, den

8

Schlag zu Ende zu führen (5–9), verfehlt jedoch die Verteidigerin, die ihm mit einer schnellen Vorwärtsrolle entkommen kann.

9

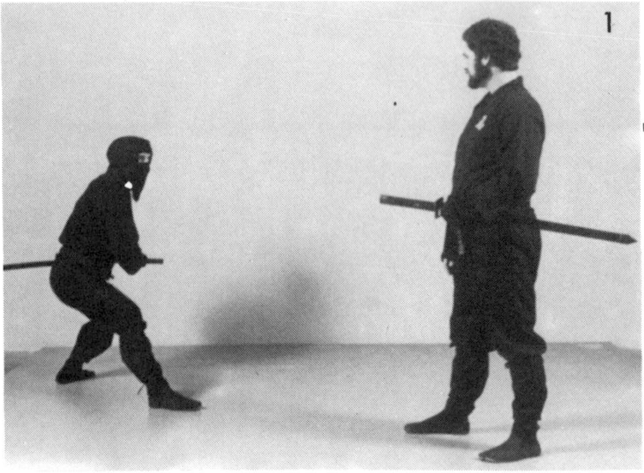

Schwert gegen Schwert (I)

Aus einer Natürlichen Stellung heraus (1) beobachtet der Verteidiger, wie der Angreifer näher kommt. Sobald dieser nach seinem Schwert greift (2), zieht auch der Verteidiger seine Waffe und geht dabei gleichzeitig in die Angriffsstellung über. Bei diesem Manöver preßt der Daumen der linken Hand den Handschutz des Schwertes nach oben, um die Waffe auf diese Weise in der

4

Scheide zu lockern. Das Ziehen und der darauffolgende Schnitt geschehen in einem Zug (5+6). Bei einem derartigen Angriff darf weder gezögert, noch dürfen Abwehrtendenzen sichtbar werden. Nach dem ersten Schnitt (5+6) setzt der Verteidiger seinen Angriff fort und führt mit der Bewegungsenergie seines ganzen Körpers einen tödlichen Spalthieb aus.

5

6

1

2

Schwert gegen Schwert (II)

Aus einer Sitzenden Stellung heraus (1) beobachtet der Verteidiger, wie der Angreifer sich ihm mit einem über dem Kopf erhobenen Schwert nähert. Der Verteidiger bannt den Blick des Gegners, indem er ihm geradewegs in die

3

Augen starrt und dreht dabei sein Schwert im Gürtel um, so daß die Scheide nach unten zeigt (2). Dann springt er in eine tiefe Stellung nach vorn, zieht gleichzeitig blitzschnell das Schwert schützend hoch und schlitzt dabei

4

5

6

7

den Angreifer von unten nach oben auf (3+4). Diese Bewegung des Verteidigers ist ausschließlich ein Angriff, der keinesfalls von rein defensiven Betrachtungen oder unnützem Zögern abgeschwächt werden darf.

Der Verteidiger legt nun sein ganzes Gewicht hinter einen horizontalen Schnittangriff (5–9) und gleitet dabei zur Seite, um dem fallenden Schwert des Gegners auszuweichen (10).

Unbewaffnet gegen einen Messerangriff (I)

Aus einer Empfangenden Stellung heraus (1) beobachtet der Verteidiger, wie der Angreifer nach vorne springt und mit seinem erhobenen Messer zu einem senkrechten Stichangriff ansetzt (Ziel: der Bereich hinter dem Schlüsselbein). Anstatt instinktmäßig zurückzuweichen,

3

4

springt der Verteidiger nach vorne, außen an dem niederfallenden Arm mit dem Messer vorbei (2–4). Seine beiden Hände beschützen ihn und drücken den Arm des Gegners von ihm weg. Dann faßt er den ausgestreckten Arm (5) und bricht ihn mit einem Knie-

5

stoß gegen den Ellbogen (6+7). Ein Fersenstampftritt gegen das Knie bringt

8

den angeschlagenen Gegner vollends zu Boden (8+9).

9

1

2

Unbewaffnet gegen einen Messerangriff (II)

Aus einer Empfangenden Stellung heraus (1) beobachtet der unbewaffnete Verteidiger, wie der Angreifer mit kurzen Schnittangriffen auf ihn eindringt. Als dieser einen Stichangriff gegen seinen Magen ausführt (2), gleitet der Verteidiger mit seiner linken Seite nach vorne, außen an dem angreifenden

Arm mit dem Messer vorbei, und gebraucht dabei seinen Vorderarm, um das angreifende Glied zu stabilisieren (3+4). Dann ergreift er sofort das Handgelenk des Gegners und schlägt mit seinen Knöcheln gegen die Mittelhandknochen der gegnerischen bewaffneten Faust (5+6). Der mit der

6

7

Kraft des ganzen Körpers ausgeführte Schlag hat meistens genug Wucht, um die angegriffene Hand zu lähmen, so daß das Messer aus der Hand fällt. Der Verteidiger dreht nun das Handgelenk des Feindes im Gegenuhrzei-

8

9

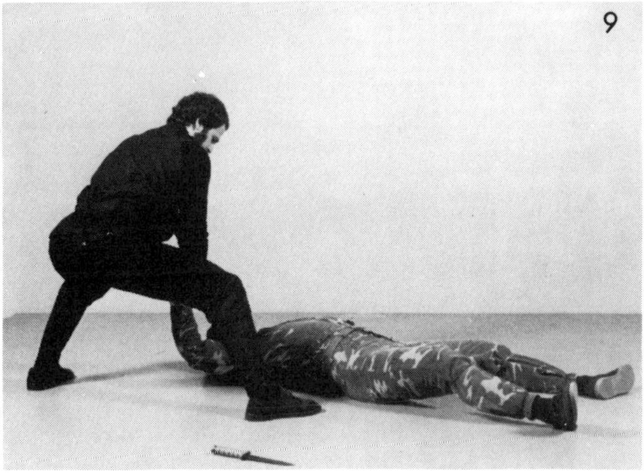

10

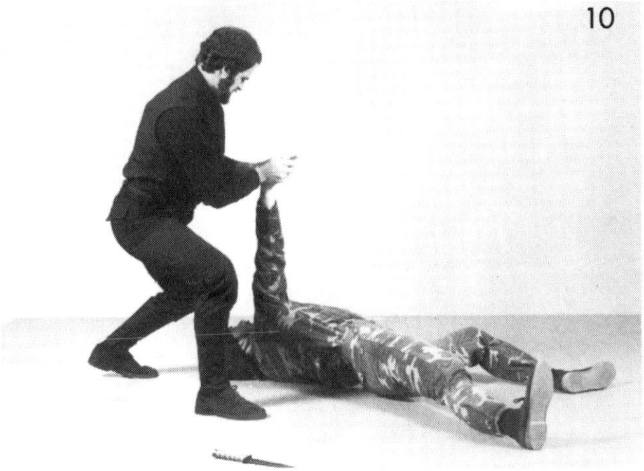

gersinn (7–9) und bringt letzteren auf diese Weise zu Boden. Das Handgelenk wird auch weiterhin festgehalten und dann nach rechts gedreht, um den besiegten Gegner unter Kontrolle zu halten (10+11).

11

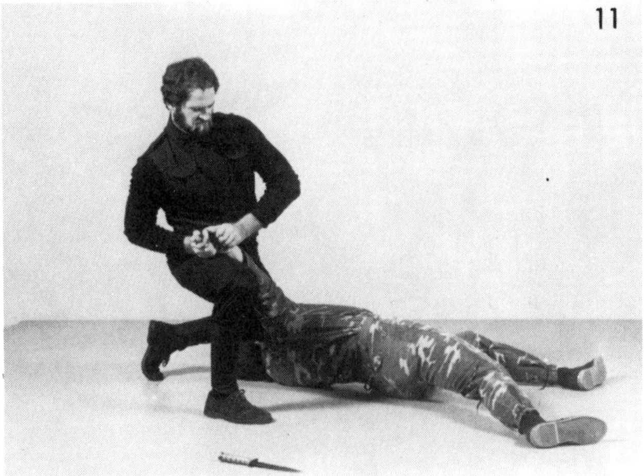

Schwert gegen Schwert (III)

Aus einer Abwehrstellung heraus (1) beobachtet der Verteidiger, wie der Angreifer ihn mit einem diagonalen Schwerthieb angreift (2). Der Verteidiger wirft sein Schwert nach vorn, um die gegnerische Klinge zu berühren, ohne

3

4

jedoch den feindlichen Hieb abstoppen zu wollen (3+4). Das Schwert des Gegners führt den begonnenen Hieb weiter aus, der jedoch von der angelehnten Klinge des Verteidigers an seinem Ziel vorbeigeleitet wird (5+6). So-

5

6

7

bald der Angriff keine Gefahr mehr für ihn bedeutet, löst der Verteidiger seine Vorderhand von seinem Schwert und ergreift den Jackenärmel seines Gegenübers, um den Feind notfalls daran hindern zu können, einen zweiten Angriff anzusetzen (7+8). Dann senkt er die Spitze seiner eigenen Waffe und kontrolliert auf diese Weise den Angreifer, der ihm hilflos ausgeliefert ist (9).

8

9

1

2

Shuriken-Verteidigung gegen einen Schwertangriff

Aus einer Abwehrstellung heraus (1) beobachtet der Verteidiger, wie der Angreifer mit einem zum Hieb erhobenen Schwert auf ihn losgeht (1+2). Er reißt seinen Vorderfuß zurück und springt nach hinten, um dem senkrechten

Schnittangriff zu entgehen (3+4). Während er sich aus der Reichweite der gegnerischen Waffe bringt, greift er in seine Jacke und holt einen Stapel von 9 Shuriken-Wurfsternen (5) heraus. Als der Angreifer weiter auf ihn

eindringt, wirft er mehrere Shuriken, um ihn kampfunfähig zu machen (6–10). (Anmerkung: A, B, C und D zeigen die richtige Handhabung, die es erlaubt, die Metallsterne blitzschnell nacheinander

9

10

abzuschießen. Der oberste Stern wird vom Daumen der haltenden Hand etwas nach vorn geschoben, so daß er sofort von der zurückschnappenden Wurfhand erfaßt werden kann.)

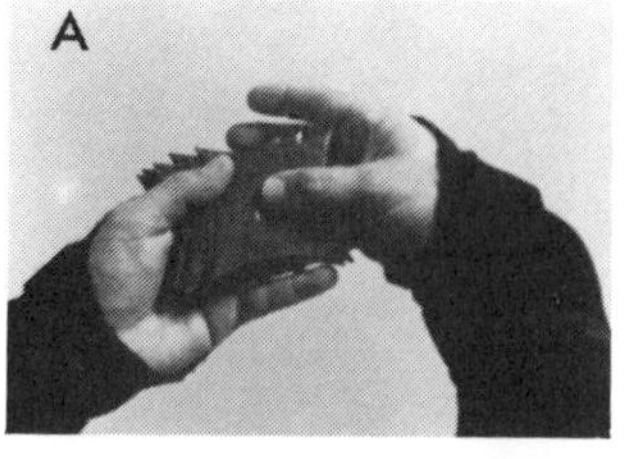

A

B

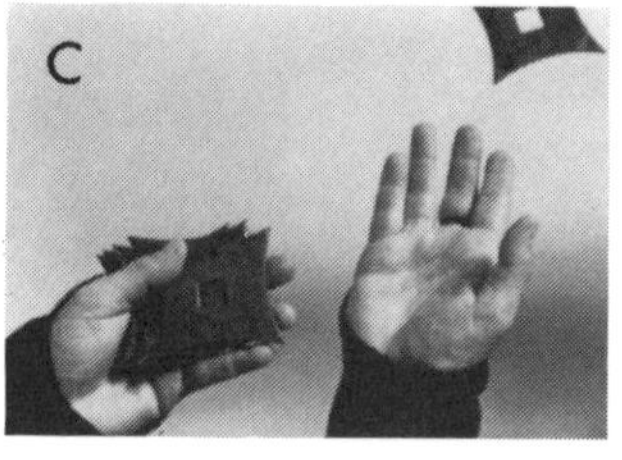

C

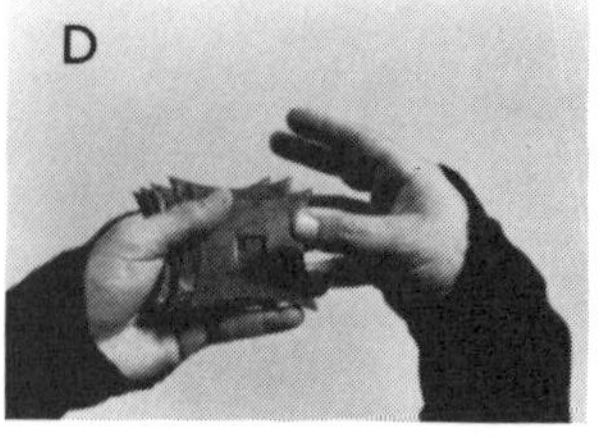

D

Kurze Kette gegen Eisenstange

Aus einer Verteidigungsstellung heraus (1) beobachtet der Verteidiger, wie der Angreifer sich ihm mit einer Eisenstange nähert. Sobald die Stange zu einem senkrechten Schlag gegen Kopf oder Schulter erhoben wird, gleitet der Verteidiger in die Angriffsstellung und hebt die angespannte Kurze Kette

über seinen Kopf (2+3). Der niederfallende Angriffsarm wird von der Kette abgefangen (4), der Verteidiger nähert sich dem Gegner (keinesfalls auf der Seite des freien Armes!) und zieht ihm die Kette um den Hals, so daß Arm und Hals des Angreifers zusammengebunden werden (5). Die Kette wird

weiter angezogen, und der rechte Daumen des Verteidigers wird mit aller Kraft gegen die Luftröhre des Angreifers gepreßt

8

9

(6–8). Dann wird der schon stark angeschlagene Gegner zu Boden gezogen (9).

1

2

Messer gegen Kurzen Stock

Aus einer Abwehrstellung heraus (1) beobachtet der Verteidiger, wie der Angreifer sich ihm mit kurzen, schnellen Schnittangriffen nähert (2). Er geht

3

4

blitzschnell in die Angriffsstellung über und schlägt mit dem Stockende gegen die Hand mit dem Messer (3+4). Dann läßt er

5

den Stock mit der rechten Hand los und benutzt den Schwung seiner Bewegung und die Energie sei-

8

9

nes ganzen Körpers (5–7), um dem Hieb gegen den Kopf des Feindes die nötige Kraft zu verleihen (8–10).

10

1

2

3

Stock gegen Stab

Aus einer Abwehrstellung heraus (1) beobachtet der Verteidiger, wie der Angreifer seinen Kopf oder Hals mit einem diagonalen Stabhieb angreift (2). Er wehrt den Stab mit seinem Stock ab (3) und gebraucht dann den eigenen Vorderarm, um den Stab

des Gegners zu kontrollieren (4). Er senkt seinen Körperschwerpunkt, um dem Schlag mit dem Stockende gegen die Schläfe des Gegners mehr Schwung zu verleihen (5). Der Angreifer sinkt bewußtlos zu Boden (6).

OSTEN

NORDEN

WESTEN

Das Taizokai-Mandala

Die verflochtenen Finger
kanalisieren Entschlossenheit,
spannen Knochen und Muskeln an,
lassen den Atem fließen
und führen zur Lösung des Problems.
Sie treiben den Ninja vorwärts,
um das Schicksal zu ergreifen und zu bezwingen.

Fünftes Kapitel

Anpassung an das Universum: Gedanke, Wort und Tat vereint zu einem einzigen Werkzeug, dem *Kuji-in* der Ninja

In seinem jetzt vergriffenen Buch *Nin-po Sono Hiden to Jitsurei* (Geheimnisse und Beispiele der Wege des Ninja) bemerkt der Iga-Ninjutsu-Historiker Heishichiro Okuse, daß die historischen japanischen Ninja sich durch ihre tiefgreifende, wissenschaftliche Art bei der Analyse und Lösung von Problemen hervortaten und sich gleichzeitig mit höchst okkulten, spirituellen Praktiken beschäftigten. Für Okuse stellt dies keineswegs einen Widerspruch dar. Ninja-Kampftraining legt größten Wert auf Wirklichkeitsnähe und löst alle Probleme auf eine äußerst präzise, rationelle Weise, ohne sich dabei im geringsten um ästhetische oder artistische Belange zu kümmern. Doch die Schattenkrieger erkannten auch, daß der Erfolg einer Handlung manchmal von Faktoren abhängt, die sich rein wissenschaftlichen Vorbetrachtungen entziehen.

Verschiedene Leute mögen diese feinen Einflüsse als Zufall oder Glück bzw. Unglück bezeichnen, doch der Ninja kam zu der Ansicht, daß eine vernunftmäßige, logische Methode alle Faktoren einbeziehen müsse, die möglicherweise an der Lösung eines Problems mitwirken könnten.

Die Kunst des Ninjutsu entwickelte sich aus den Praktiken der *Mikkyo*-Geheimlehre, die besagt, daß es den Zufall überhaupt nicht gäbe und Glück und Unglück nur aus nicht kanalisierten Kräften bestünden, die sich in unserem täglichen Leben manifestieren. Anders ausgedrückt: die Geistesebene stellt einen funktionierenden, nicht zu übersehenden Teil der Wirklichkeit dar. Diese Überzeugung hat ihren Ursprung in der gesteigerten Sensibilität für derartige Dinge, die ein Leben in ständiger Todesnähe mit sich bringt. Ein Ninja-Veteran, der bei zahllosen Scharmützeln gegen feindliche Übermachten mit dem Leben davonkam, hat zu viele unverständliche, wunderliche Schicksalsschläge miterlebt, als daß er der Geistesebene gegenüber unempfindlich sein könnte. Nichts ist für ihn rationaler, als bei der Lösung eines Problems alle Möglichkeiten in Betracht zu ziehen.

Der Ninja holte sich sein Verständnis vom Wirken des Universums aus der Geheimlehre des Mikkyo. Die praktische Anwendung dieses Wissens verlieh ihm seine persönliche Kraft. Dieses Kompendium von Weisheitslehren, das, wie schon gesagt, unter dem Namen Mikkyo bekannt ist, hat seine Wurzeln in der esoterischen Tantrischen Lehre aus Indien, Tibet und China. In der ersten Hälfte des neunten Jahrhunderts brachen junge japanische Wandermönche wie etwa die bekannten Saicho oder Kukai nach China auf, um dort bei Weisen zu studieren. Sie brachten die Grundlagen des Mikkyo mit in ihre Heimat zurück. Den magischen Teil dieser Lehre verbreiteten später Wandermönche, Schamanen und Einsiedler, die sich nach dem Fall der T'ang-Dynastie in Japan in Sicherheit brachten.

In späteren Jahrhunderten wurde diese gleiche Philosophie in den Ursprungsländern Indien und Tibet einer Stilisierung und Vervollkommnung unterzogen und in eine Religion verwandelt. Eine ganze Reihe Götter, die die verschiedenen Bewußtseinsebenen darstellen, wurden von diesem Zeitpunkt an als zentraler Teil dieser Glaubenslehre angebetet und verherrlicht. Im feudalen Japan benutzte man das Mikkyo jedoch weiterhin als Mittel, die eigenen Fähigkeiten und Kräfte zu erweitern bzw. zu verbessern. Die kämpferischen *Yamabushi* aus den Bergen und die *Sennin*- und *Goya*-Einsiedler, also der Teil der japanischen Gesellschaft, aus dem sich später die Ninja herausbilden sollten, nahmen sich die Lehren des Mikkyo besonders zu Herzen. Diese Asketen betrachteten das Mikkyo nicht bloß als Religion, sondern als funktionierende Prinzipien der Gesetze des Universums. In einer Reihe von grausamen Religions- und Bürgerkriegen wurden sie verfolgt, da ihr Glaube mit der damaligen Staatsreligion unvereinbar war. Die Notwendigkeit ihre Familien, ihre Überzeugungen und ihr Zuhause in den einsamen Berggegenden zu verteidigen, wurde mit der Zeit immer stärker. Unter diesen Umständen wurde der unglaubliche Schattenkrieger geboren, den man heutzutage unter dem Namen Ninja kennt.

Das moderne Japan erhob die ehemaligen Geheimlehren des Mikkyo zu einer Religion. Sie bildet die tantrische oder esoterische Seite des Buddhismus. Saichos Anhänger machten sich im Laufe der Jahrhunderte als *Tendai*-Sekte einen Namen, während die Lehren des *Kukai* (der später als Kobo Daichi – Großer Lehrer der Gesetze des Universums – bekannt wurde), die dem ursprünglichen *Shugenja*-Glauben der mittelalterlichen Ninja näher standen, sich als *Shingon*-Buddhismus etablierten. Diese modernen Formen des Mikkyo mit ihren komplexen, überladenen Ritualen sind nicht stellvertretend für den Glauben der feudalen Schattenkrieger, und als derzeitige Ninja fühlen wir uns keiner speziellen Religion verpflichtet, doch wir bringen ein großes Interesse für die kosmischen Gesetze der Ursächlichkeit, der Krafterzeugung und der Erleuchtung auf.

Die praktische Anwendung der Mikkyo-Lehren beinhaltet den Gebrauch von *Mantra* (heilige, »geladene« Wörter), *Mandala* (schematische Abbildungen der Struktur des Universums, um die Konzentration in die richtige Richtung zu leiten und *Mudra* (besondere Handstellungen zur Kanalisierung der Energie), um sämtliche Energien der Persönlichkeit zu koordinieren. Gedanke, Wort und Tat ergänzen einander gegenseitig auf eine harmonische Art und Weise. Das Zusammenführen dieser Faktoren ist der Schlüssel zur Durchsetzung seines Willens in dieser Welt. Man bezeichnet jene Fähigkeit als *Sanmitsu* (die »Drei Geheimnisse« der geistigen Mikkyo-Fähigkeiten):

Japanisch	**Sanskrit**	**Deutsch**	**Symbolisiert**	***Sanmitsu***
Nenriki	Mandala	konzentrierte Absicht	den Willen	der Gedanke
Jumon	Mantra	»geladenes« Wort	den Intellekt	das Wort
Ketsu-in	Mudra	Handstellung	die körperliche Handlung	die Tat

Das Nin-po-Mikkyo, die Lehre von den geistigen Fähigkeiten der Ninja, bietet zwei verschiedene Sichten der Struktur des Universums an; jede wird mittels eines höchst symbolischen Diagramms (Mandala) dargestellt. Diese zwei Mandala stellen völlig gegensätzliche Perspektiven des Kosmos dar, doch man braucht beide, um zu der Einsicht zu gelangen, die man benötigt um zu verstehen, weshalb das Universum sich auf eine bestimmte Weise weiterentwickelt. Stark vereinfacht könnte man den ganzen Prozeß folgendermaßen beschreiben: Den Lauf der Dinge des Universums kann man erstens einmal von innen betrachten, indem man sich auf die physischen Erscheinungen der Schöpfung konzentriert und von diesem Standpunkt ausgeht, um zu dem Verständnis der kosmischen Gesetze zu kommen. Die Wirkung gibt Aufschluß über die Ursache. Die zweite Möglichkeit besteht darin, das ganze Universum zu überblicken und sich dabei auf das Erkennen seiner Gesetze zu konzentrieren. Ist man einmal zu dieser Einsicht gelangt, kann man die feinen Fäden erkennen, die alle Aspekte des täglichen Lebens untereinander verbinden. Die Ursache gibt Aufschluß über die Wirkungen.

Das Wesen der materiellen Welt wird im *Taizokai*-Mandala dargestellt, der schematischen Wiedergabe der »Welt des Nährbodens«. Das Wort »Nährboden« steht in diesem Fall für die Grundursache, den Platz, an dem etwas zustande kommt. Das Taizokai-Mandala führt zu der Erkenntnis, daß wir alle innerhalb des einen Universums existieren. Sterne, Planeten, Menschen, Tiere, Dinge, Wörter und Gedanken, alles, was einen Namen hat, gehört zu der Masse der verschiedenen, sich gegenseitig beeinflussenden Teile, die das Universum ausmachen. Jeder von uns und alle unsere Handlungen werden zur Kenntnis genommen, da sie sich innerhalb des Wesens des Allmächtigen zutragen, während Gott umgekehrt auch gleichzeitig in jedem von uns vorhanden ist. Struktur und Symbole des Taizokai-Mandala werden als Weg zur Erleuchtung angesehen und studiert, um einen Hinweis auf das Wirken der kosmischen Gesetze zu bekommen, die unser tägliches Leben bestimmen. Die Erfahrung des Wirkens unseres persönlichen Bewußtseins auf den verschiedenen Geistesebenen stärkt unseren Blick für die größeren Perspektiven, die sich hinter den konkreten Aspekten des Lebens verbergen. Auf diese Weise erreichen wir den Punkt, an dem wir herausfinden, daß das Universum groß und kompliziert genug ist, um alle Gegensätze und Paradoxe zu beinhalten, die der Mensch mit seinen Sinnesorganen beobachtet.

Auf ähnliche Weise wird das Wesen der geistigen Welt auf dem *Kongokai*-Mandala dargestellt, einer schematischen Darstellung der »Welt des Diamanten«. Der Diamant steht hier als Symbol für vielfältig facettierte Klarheit, Brillanz und Härte; dieser Edelstein stellt die höchstmögliche Stufe der Perfektion dar, das reine Wissen, den Geist und die endgültige, grundlegende Wahrheit. Das Kongokai-Mandala führt uns zur Erkenntnis, daß alles Bestehende bloß aus der Form besteht, die unser Bewußtsein den um uns herum aktiven kosmischen Gesetzen verleiht. Was wir als die »Wirklichkeit« ansehen, ist nichts anderes als unsere subjektive Wiedergabe der »Tatsächlichkeit«, des eigentlichen, reinen Bestehenden und Handelnden. Wird die materielle Welt transzendiert, durch einen magischen Prozeß hinter sich gelassen, und nähert man sich der direkten Erfahrung der kosmischen Gesetze, so erreicht man das *Shin-shin shin-gan*-Stadium, die Stufe des »Geistes und der Augen Gottes«, und kann von einer höheren, erleuchteten Ebene aus auf die materielle Welt schauen.

In dem *Nin-po Mikkyo Dojo,* der »Trainingshalle zum Erlernen des geheimen Ninja-Wissens«, hängen die symbolischen Mandala-Abbildungen zu beiden Seiten des offenen Saales. Von dem »Punkt der Erkenntnis« (die zentrale Stelle der dem Eingang gegenüberliegenden Seite des Dojo) aus gesehen hängt das Kongokai-Mandala rechts und das Taizokai-Mandala links. Für Schüler, die jedoch eher auf diesen zentralen Punkt im Do-

WESTEN

OSTEN

Das Kongokai-Mandala

jo hinschauen, als selbst diese wichtige Position einzunehmen, sind die betreffenden Richtungen natürlich umgekehrt. Die Mandala werden senkrecht aufgehangen, obschon sie eigentlich dazu bestimmt sind, horizontal ausgelegt zu werden. Sie rufen ein ähnliches Gefühl hervor, als würde man sich einen an die Wand gehefteten Stadtplan anschauen.

Betrachtet ein Schüler während einer Meditation einen der zwei Mandala, so soll er über den Sinn dieses einmaligen Kunstwerkes nachsinnen. Konzentriert ein Ninja sich beispielsweise auf das Taizokai-Mandala, die Welt des Nährbodens, dann meditiert er, um zu einem Verständnis der materiellen Welt zu kommen. Dieses Sich-Versenken ist eine Reise zum Kern unseres eigenen Wesens und deshalb ebenfalls eine Annäherung zum Zentrum des Universums. Das Betrachten des Kongokai-Mandala, der Welt des Diamanten, veranlaßt den Ninja, die materielle Welt zu transzendieren und zu einem Verständnis der allgegenwärtigen Gesetze des Kosmos vorzustoßen. Das »Ich« wird bei diesem Prozeß zurückgelassen, um eine allumfassende Vision des Alls zu ermöglichen. Beide Praktiken müssen sich gegenseitig ergänzen, um eine ausgewogene Entwicklung eines Individuums zu ermöglichen.

Übertriebenes Eingehen auf einen einzigen der beiden Mandala hat äußerst nachteilige Auswirkungen auf den Geist. Diejenigen, die sich ausschließlich auf die materielle Seite konzentrieren, werden in ihrem Verhalten übermäßig mechanisch oder technisch, und das Ninjutsu wird zu einem rein mechanistischen Kampfsystem ohne Moral, Geist und Lebendigkeit abgewertet. Konzentriert man sich hingegen nur auf die Welt des reinen Wissens, so verliert man den Sinn der Realitäten, wird weltfremd und degradiert die Kunst der Ninja zu einem leeren Ideal oder einer intellektuellen Übung ohne die geringste Bedeutung und Energie.

Worte und Taten sind bedeutungslos, wenn sie nicht einen leitenden Gedanken als Beweggrund hinter sich haben. Eine Führung ist immer notwendig. Die Kraft der konzentrierten Absicht ist eine der subtilen Lehren, die dem Ninja durch ausdauerndes Harren auf ein persönliches Verstehen der zwei Mandala bewußt wird. Die Erziehung des persönlichen Willens ist der erste Schritt auf dem Weg zu dieser Entwicklung.

Die Kraft der Absichten wird anschließend durch gesprochene Beschwörungsformeln noch weiter gestärkt. Sie festigen den Willen in der materiellen Welt, indem sie ihm eine wellenförmige Präsenz verleihen. Die Gedanken des Ninja sind Schöpfungen, die zu wirklichen »Dingen« werden, sobald ihnen eine physische Grundlage (der Ton der Beschwörungsformel) verliehen wird, die sie in die Welt hinausträgt.

Chinesische Löwenhunde

Steinerne chinesische Löwenhunde bewachen den Eingang eines Tempels und begrüßen Eingeweihte mit einer brüllenden »Ahh-ohh-mmmm-nn«-*Jumon*-Beschwörungsformel, dem Mantra, das den ganzen Kosmos darstellt. Das Tier im Vordergrund symbolisiert das Reich des Nährbodens, die materielle Welt, die linke Seite der kosmischen Kraft und die *In*-Seite der *In-Yo*-Polarität (*Yin-Yang* des chinesischen Taoismus). Seine Kiefer sind weithin geöffnet und stoßen die »Ahh«-Keimsilbe des *Taizokai*-Mandala aus. Der Löwenhund im Hintergrund stellt die Welt des Diamanten dar, das Reich der reinen Weisheit, die rechte Seite der kosmischen Kraft und die *Yo*-Seite der *In-Yo*-Polarität. Seine Kiefer sind zu dem für das *Kongokai*-Mandala typische »Vmm«-Mantra zusammengepreßt. Zusammen symbolisieren die beiden Tiere die Unteilbarkeit dieser zwei Welten, die zur selben Zeit denselben Raum im Universum einnehmen.

Die Kane

Bei der rituellen *Kane* stellt die eigentliche Glocke den materiellen *Taizokai*-Teil dar, während der *Vajra*-Griff das *Kongokai*-Reich der reinen Weisheit verkörpert. Der Zusammenschluß zu einem einzigen Objekt symbolisiert die Einheit zwischen geistiger und körperlicher Welt. Diese Zeremonienglocke erinnert den Ninja an die Tatsache der Unbeständigkeit, einen wichtigen Bestandteil des Nin-po-*Mikkyo.* Die Vergänglichkeit aller Dinge dieser Welt ist mit dem Klang der Glocke zu vergleichen: er kann gehört, doch nicht festgehalten werden. Ähnlich verhält es sich mit jedem Ding: seine Existenz ist zeitlich sehr begrenzt und es besteht nur in den Sinnen des Beobachters. Sogar das Leben selbst ist wie ein Glockenklang: es verändert sich dauernd, ist unbeständig, unstabil und zur Vergänglichkeit verdammt, die das Wesen aller Dinge ist. Für den Ninja ist die Erkenntnis dieser Vergänglichkeit ein Schlüssel zu Erleuchtung.

Kongo und Taizokai

Das *Mikkyo-Kongo* (tibetanischer Blitzstrahl des Diamanten) ist das Symbol der *Kongokai*-Welt des Wissens. Die unzerstörbare Härte und Klarheit des Diamanten sind ein Bild für die Kraft, mit der Wahrheit und Erleuchtung durch Unwissen und Illusionen durchstoßen. Die drei Spitzen stellen die Fähigkeit des Gedankens, des Wortes und der Tat dar, die Erleuchtung herbeizuführen. Jede Meditation über die rechte *Kongokai*-Seite des Universums beschäftigt sich mit der Frage: »Welches ist die letzte Wahrheit?« Ein Rosenkranz mit 27 Schädeln ist das Symbol für die Vergänglichkeit der materiellen Welt. Er stellt das Taizokai-Reich des Nährbodens dar, die linke Seite des Universums. Der richtige Gebrauch von Körper, Intellekt und Geist ermöglicht ein Erklimmen der 9 Stufen der Macht, die die linke Seite des Kosmos ausmachen. Eine Meditation über das *Taizokai*-Konzept beschäftigt sich mit der Frage: »Wie kann die letzte Wahrheit verwirklicht werden?«

Die *Tantra*-Doktrin, die den Gebrauch der Kräfte der materiellen Welt zum Erlangen der persönlichen Erleuchtung lehrt, behauptet, daß allein schon das Produzieren von bestimmten Lauten den ununterbrochenen schöpferischen Prozeß im Universum beeinflußt. Die ersten erfaßbaren Erscheinungen im Absoluten bestanden aus Lauten oder Vibrationen. Die tantrischen Lehren des Nin-po-Mikkyo haben die Symbole dieser grundsätzlichen Vibrationsraten in *Shuji* (Keimschriftzeichen) erhalten, die in einem Sanskritdialekt verfaßt sind, der vom 4. bis 6. Jahrhundert unter der Gupta-Dynastie in Indien gesprochen wurde. Dieses *Siddham*-Manuskript wurde nach China gebracht, um den dort ansässigen indischen Weisen bei der Vorbereitung der tantrischen Lehren zu helfen; dort wurde es vom Mönch Kukai vorgefunden und mit in sein Heimatland genommen. In Japan ließen die dortigen Esoteriker, bei denen die Ninja vom 12. bis zum 16. Jahrhundert eine wichtige Rolle spielten, die Schriftzeichen in ihrer ursprünglichen Form, wie sie noch heute erhalten ist.

Die *Jumon*-Mantra oder die »geladenen Worte der Macht« des Ninja-Mikkyo sind Laute oder Sätze, die gebraucht werden, um den Absichten des Ninja eine wellenförmige Existenz zu verleihen. In den meisten Fällen werden die Jumon-Laute in der Sprache ihrer Ursprungsgegend (Himalaya) geäußert. Übersetzungen ins klassische Japanische sind eher selten, doch auch bei diesen Ausnahmen werden absichtlich Wörter gebraucht, die kaum eine Bedeutung in der Alltagssprache haben. Jegliche Verbindung zwischen Alltag und Jumon ist somit unterbunden. Aus diesem Grund kann der Ninja seine reine Entschlossenheit durch Lautformen ausdrücken, die nicht durch tägliches Benutzen abgenutzt sind und somit an Intensität verloren haben. Diese Laute haben einen Einfluß, der auf einer wesentlich höheren Ebene liegt als beispielsweise ein Gespräch. Man nimmt an, daß die überlieferten Lautgebilde in ihrer Struktur sehr rein sind und näher an die spezifischen Vibrationsraten herankommen, die mit denjenigen Frequenzen harmonieren, die die körperlichen Realitäten bilden. Sie wirken auf diese ein und bewirken eine Veränderung beispielsweise der Sicht, der Geräusche oder der Gefühle.

Da das Klanggebilde selbst und nicht der eigentliche Sinn der Wörter die Wirksamkeit des Jumon bestimmt, kann kein Versuch gemacht werden, Anleitungen für den Gebrauch von gesprochenen Mantra in diesem Buch zu geben. Aus dem gleichen Grund können auch die spezifischen Geheimformeln zur Versetzung in den richtigen Bewußtseinszustand, das Einstimmen der Vibrationshöhe der Stimme und das dazu passende Verhalten des Körpers nicht in einem Buch wie dem vorliegenden behandelt werden. Diejenigen, die fühlen, daß es ihr Schicksal ist, zu einem Teil der Ninja-Tradition zu werden, werden einen Meister aufsuchen, der fähig ist, ihnen dieses fortgeschrittene Ninjutsu-Training angedeihen zu lassen.

Aus Informationsgründen sei hier jedoch eine Technik beschrieben, die einen kleinen Einblick in die Möglichkeiten der Nin-po-Mikkyo-Jumon gibt. Es handelt sich um die Vokalisation zweier elementarer Laute, die ineinander übergehen. Öffnen Sie Mund und Hals so weit Sie können, bis Sie das Gefühl haben, gähnen zu müssen. Spannen Sie Ihre Bauchmuskulatur dann langsam an und atmen Sie durch Ihren Mund aus, während Sie einen langgezogenen, vibrierenden »Ah«-Laut aus den Tiefen Ihres Körpers heraufsteigen lassen. Behalten Sie diesen tiefen Laut bei, während Sie Ihre Lippen schließen und sie etwas über die noch leicht geöffneten Kiefer ziehen, so daß der Mund verschlossen wird. Der Ton hat sich nun in ein summendes, vibrierendes »Mmm« verwandelt. Pressen Sie Ihre Zähne jetzt langsam aufeinander und drücken Sie Ihre Zunge gegen die Innenseite der Schneidezähne. Der Laut wird sich in ein vibrierendes, gleichbleibendes »Nnn« wandeln. Lassen Sie es langsam ausklingen, indem Sie den Rest Ihres Luftvorrates ausatmen.

Diese Lautserie, die zu einem einzigen »Wort« verschmolzen wird, gilt als das wichtigste, allumfassendste Mantra. Die meisten Ninja-Jumons beginnen mit diesem Laut, ähnlich wie in den christlichen Kirchen Gebete und Hymnen mit dem »Ahh-men« zu enden pflegen. Wird dieser Jumon zusammen mit anderen Personen in einem kühlen, verdunkelten Zimmer (zur Steigerung der Konzentrationsfähigkeit) mehrmals synchron wiederholt, so wird Ihnen die »Ahh-ohh-mmm-nnn«-Lautfolge genauestens Aufschluß über persönlichen Atemrhythmus, Qualität der Stimme und geistige Intensität eines jeden Teilnehmers geben. Übt man dies zusammen mit anderen, die sich dabei gut amüsieren und sich selbst nicht allzu ernst nehmen, kann das Resultat recht überzeugend ausfallen.

(Vorne)

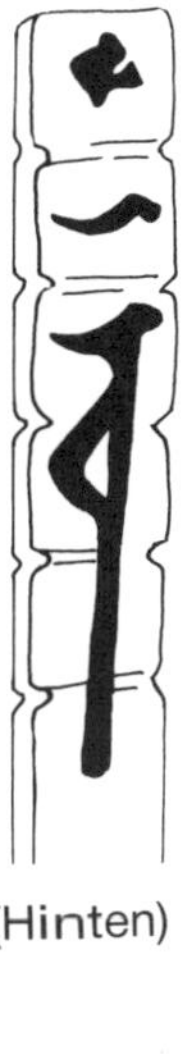
(Hinten)

Shuji

Shuji sind Schriftzeichen, visuelle Symbole der Kraft der verschiedenen Energieebenen, die auf die Wanderstäbe der kriegerischen Yamabushi-Mönche aus den Bergen geschrieben sind. Die 5 Zeichen (Laute) »Ah, Vah, Rah, Hah, Khah« auf der einen Seite des Stabes stellen Erde, Wasser, Feuer, Wind und Leere der materiellen Welt dar. Der einzelne Laut »Vahmm« auf der anderen Seite ist das Symbol des reinen Wissens des Reiches des Diamanten. Die Art und Weise, wie diese Zeichen am Stab angebracht sind, gilt als weiterer Beweis dafür, daß die Ninja jede dieser beiden Welten als bloße Spiegelung der anderen ansahen.

忍

Das dritte große Wissensgebiet zur Beherrschung des Nin-po-Mikkyo-*Sanmitsu,* der drei Geheimnisse zur Erringung von Macht, ist das Einbeziehen des Körpers zur Beeinflussung der materiellen Welt. Zusammen mit der Absicht, die durch den Willen formuliert und von der Stimme in Form eines Lautes geäußert wird, beteiligt der Organismus sich an der Schaffung von Realitäten. Die Kuji-in-Hand-»Zeichen« mit den charakteristischen verflochtenen Fingern haben ihren Ursprung in den Mudra-Handstellungen indischer, tibetanischer und chinesischer Geheimlehren. Sie ermöglichen das Kanalisieren von feinen Energieströmen, das Weiterreichen von weisen Lehren und den wirksamen Schutz der Psyche des Praktizierenden oder anderer.

Die elektrochemische Ausstattung des menschlichen Körpers weist eine Reihe von elektropolaren Kanälen (Meridianen) auf, die die Gewebe des Organismus durchfließen. Füße und Hände enthalten eine große Anzahl empfindlicher Enden oder Wendepunkte dieser Kanäle. Das Ninjut-

Linke Hand	***Rechte Hand***
Taizokai (materielle Welt)	*Kongokai* (reine Weisheit)
Mond	Sonne
zeitlich begrenzte Wirklichkeit	letzte Wahrheit
innen	außen
weltliche Wesen	Götter
Heilen	Macht, Kraft
In	*Yo*
Unterwerfung des aktiven Geistes	Schaffen von reinem Wissen
empfangen	übertragen
negativ (–)	positiv (+)

Kleiner Finger	***Ringfinger***	***Mittelfinger***	***Zeigefinger***	***Daumen***
Erde Körper	Wasser Gefühle	Feuer Intellekt	Wind Weisheit	Leere Kommunikation
Felsen	Pflanzen	Tiere	Menschen	Subatomare Teilchen
Stabilität	Anpassungsfähigkeit	Aggressivität	Gutmütigkeit	Kreativität
Chi 地	*Sui* 水	*Ka* 火	*Fu* 風	*Ku* 空

su-*Kuji-in* (Neun-Silben-Mudra) und seine Varianten umfassen ein ganzes System zur Krafterzeugung, das auf dem Prinzip der Wiederherstellung des Energiegleichgewichtes bzw. der Zuführung von zusätzlicher Energie zu bestimmten Zentren beruht. Bei diesem System symbolisiert jede Hand und jeder einzelne Finger eine bestimmte Fähigkeit des menschlichen Organismus. Verschiedene Energien werden mit Hilfe von Elementen und Strukturcodes dargestellt. Konzentration und Beanspruchung dieser Kräfte bewirken eine Veränderung von Laune, Verhalten und der zu diesem Zeitpunkt vorherrschenden Fähigkeiten des Körpers.

Das *Kuji-Goshin-ho* des Nin-po-Mikkyo (Neun-Silben-Schutzmethode) ist eine der Mudra-, Mantra- und Mandala-Kombinationen, die dem Ninja eine erhöhte Feinfühligkeit der Sinne zukommen lassen und ihm auf diese Weise die Möglichkeit geben, seine Umwelt konzentrierter aufzunehmen. Wendet er das Kuji-Goshin-ho an, bevor er in den Kampf zieht oder eine gefährliche Aufgabe ausführt, werden seine Sinne geschärft und seine Erfolgschancen somit erhöht. Jede der neun Handstellungen besitzt, wenn sie einzeln angewendet wird, ein besonderes, ihr eigenes Mantra und eine spezielle geistige Einstimmungstechnik, die in diesem Band nicht besprochen wird.

Die folgenden Handstellungen sind bloß als Illustrationen gedacht und keinesfalls als vollständiger Lehrgang in Kuji-in. Ein Nachfalten der Finger und das Ausstoßen irgendeines Lautes werden keine nennenswerten Auswirkungen auf die Persönlichkeit des Übenden haben. Jeder, der Kontrolle über die feinen Energieströme seines Körpers erringen will, muß viel Ausdauer und Konzentration mitbringen, bis der *Kuji-in*-Prozeß seine ersten Früchte trägt.

Das Herbeiführen von alles entscheidenden Faktoren wie Geisteshaltung und Atmungsrhythmen werden hier nicht behandelt; ein kompetenter Ninjutsu-Lehrer ist notwendig, um den Schüler persönlich zu diesem Wissen zu leiten. Wie schon bemerkt: Handstellungen und Mantra-Laute sind hier nur aus reinen Informationsgründen angegeben. »Rin, Pyo, Toh, Sha, Kai, Jin, Retsu, Zai, Zen.« Dies ist der Jumon, der das Verflechten der Finger zu jeder der neun Stufen oder »Kraftebenen« begleitet. Jede einzelne dieser Silben besitzt ihre eigene Handstellung, die ihrerseits über ein spezielles Mantra verfügt, das sich an die Verkörperung eines bestimmten kosmischen Aspektes oder an eine gewisse Gottheit wendet, um Unterstützung in einer Angelegenheit zu erlangen. Kurz gesagt, der Ninja sucht sich ein erstrebenswertes Ziel aus und wird in Gedanke, Wort und Tat zu diesem Ziel, indem er seinen Körper, seine Stimme und seine geistige Aktivität mit diesem in Übereinstimmung bringt. In der gesamten Persönlichkeit kommt nun das Gefühl auf, daß das gewollte Resultat schon erreicht ist, und daß es nur auf der physischen Ebene noch auf den geeigneten Zeitpunkt wartet, um in Erscheinung zu treten.

Rin

Dokko-in (Zeichen des tibetanischen Vajra-Blitzstrahls)

Das *Dokko-in* ist die körperliche Wiedergabe des Mikkyo-*Dokko* oder *Kongo,* des »diamantenähnlichen Blitzstrahls«, der die ehrfurchtgebietenden Kräfte der Weisheit und des reinen Wissens darstellt, die Rohheit und Unwissenheit durchschlagen. Der Ninja wendet es an, um die nötige Kraft zu erlangen, um kommende körperliche und geistige Hindernisse zu überwinden und alles zu besiegen, was ihm Schaden zufügen könnte.

Pyo

Daikongo-in (Zeichen des großen Diamanten)

Das *Daikongo-in* ist die körperliche Wiedergabe des Diamanten, Symbol des Wissens, das alle weltlichen Begrenzungen überschreitet. Es wird gebraucht, um mit Hilfe von kanalisierten Energieströmen die eigenen Kräfte in den in Frage kommenden Bewußtseinszentren anzuregen, damit das gewünschte Ziel schneller erreicht werden kann.

Toh

Sotojishi-in (Zeichen des äußeren Löwen)

Der Löwe braucht bloß zu brüllen, und alle anderen Tiere ergeben sich ihm. Diese Handstellung symbolisiert die erfolgreiche Kapitulation gegenüber dem äußeren Löwen. Wir erreichen unser Ziel, obschon wir auf die gegnerischen Kräfte eingehen. Durch Einstimmung auf die Kräfte des Schicksals kann der Ninja den nötigen *Ki-ai* entwickeln, um fähig zu werden, den Lauf der Dinge vorauszuahnen und sich dementsprechend zu verhalten. Das Sotojishi-in wird gebraucht, um die Fähigkeit anzuregen, sich harmonisch zu dem Lauf des Universums zu bewegen.

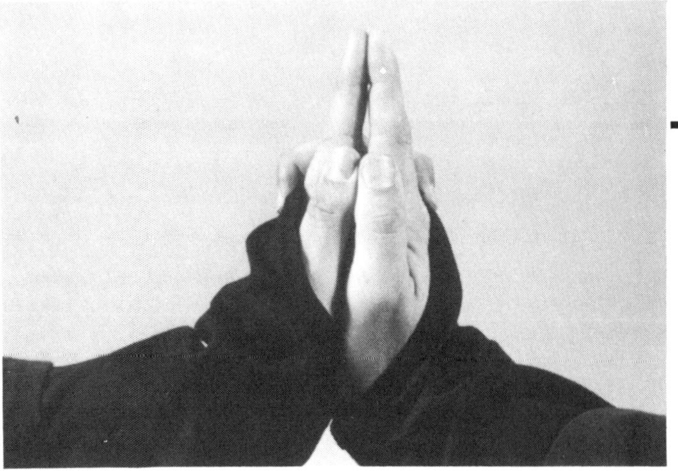

Sha

Ushijishi-in (Zeichen des inneren Löwen)

Der innere Löwe bezeichnet das Funktionieren der inneren Organe unseres Körpers. Unsere Gesundheit kann uns enorme Kräfte verleihen oder aber uns jede Möglichkeit nehmen, in diesem Leben unsere Ziele zu erreichen. Das Ushijishi-in wird, zusammen mit dem entsprechenden Mantra, dazu gebraucht, um die Fähigkeit zu stärken, sich selbst oder andere zu heilen oder eine gesunde Umgebung zu fördern.

Kai

Gebakuken-in (Zeichen der außen verbundenen Faust)

Unsere Leidenschaften binden uns an Illusionen und halten uns auf diese Weise davon ab, alles zu empfangen, was unser Bewußtsein in sich aufnehmen könnte. Das Gebakuken-in stellt den Ninja dar, der sich bemüht, gottähnlich zu werden, indem er alle Verbindungen löst. Diese Handstellung verhilft zu einem erweiterten Bewußtsein, das dem Ninja die Fähigkeit verleiht, eine drohende Gefahr vorauszuahnen.

Jin

Naibakuken-in (Zeichen der innen verbundenen Faust)

Das Versteifen des Geistes und das Beschränken auf das bloße Erfassen von Sinnesreizen müssen vom Ninja überkommen werden, bevor er zur Erleuchtung gelangen kann. Das Naibakuken-in stellt den Ninja dar, der sich auf das kosmische Bewußtsein Gottes verläßt, indem er die Realität seiner Intuitionen anerkennt. Dieses Zeichen wird angewandt, um das Bewußtsein auf das Auffangen der Gedanken der anderen einzustimmen und umgedreht, um die Fähigkeit des Aussendens der eigenen Gedanken zu stimulieren.

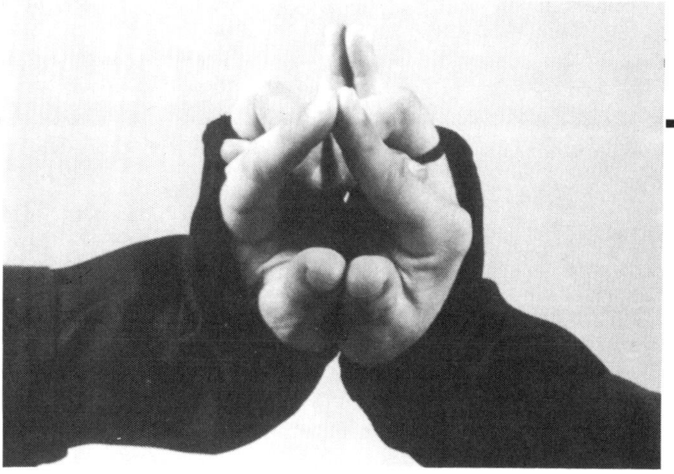

Retsu

Chiken-in (Zeichen der Faust der Weisheit)

Der hochgehaltene linke Zeigefinger stellt die Menschheit in der materiellen Welt dar. Sie wird völlig von der Kraft und dem Schutz des objektiv vorhandenen reinen Wissens umgeben (rechte Hand). Zusammen symbolisieren beide Hände die Einheit der materiellen Taizokai-Welt und der geistigen Kongokai-Welt bzw. der individuellen und der kosmischen Seele. Das *Chiken-in* befreit den Ninja symbolisch von den Grenzen der Zeit und des Raumes. Es wird angewandt, um dem Ninja zu helfen, sich im Geist an entfernte Orte zu begeben oder in der Zeit zu reisen, um dort Wissen zu sammeln, das er hier und jetzt zur Lösung eines Problems benötigt.

Zai

Nichirin-in (Zeichen des Sonnenringes)

Der Körper der Flamme ist dreieckig, und das Dreieck symbolisiert das Feuer, das alle Unreinheiten zerstört, die den Weg zum *Sammaji* (Erheben des Geistes jenseits der Grenzen der Materie auf eine Ebene, wo er eins wird mit dem ganzen Universum) versperren. Das Nichirin-in wird angewandt, um den Ninja zu einem Punkt zu führen, an dem er eins wird mit allen Erscheinungen des Kosmos und an dem Richtungen und körperliche Formen der Materie verändert oder durch die bloße Kraft des Willens kontrolliert werden können.

Zen

Ongyo-in (Zeichen der versteckten Form)

Die Fähigkeiten und die Lebensweise der Ninja entstammen einer Erleuchtung, die das Ziel von Neid oder Spott seitens Uneingeweihter sein kann. Deshalb besteht ein Teil dieser Erleuchtung in dem Wissen über die Mittel, sich unsichtbar zu machen. Zusammen mit dem richtigen Jumon und der geeigneten Geisteshaltung wird das Ongyo-in benutzt, um sich den Schutz der kosmischen Kräfte zu sichern, um für schlechte und niedrige Menschen unsichtbar zu werden und die Fähigkeit zu erlangen, bei einem drohenden Mißerfolg verschwinden zu können.

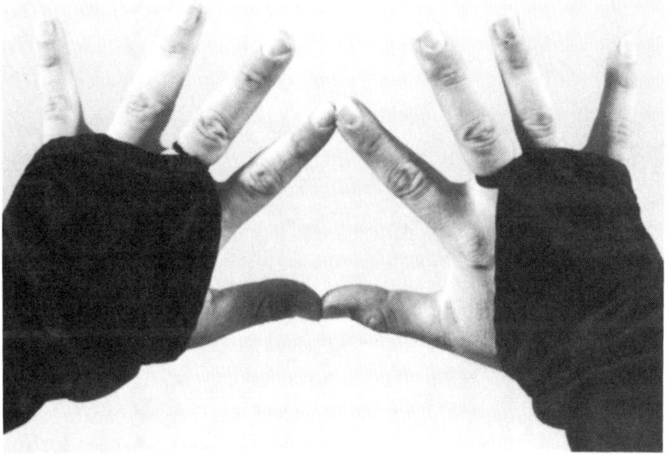

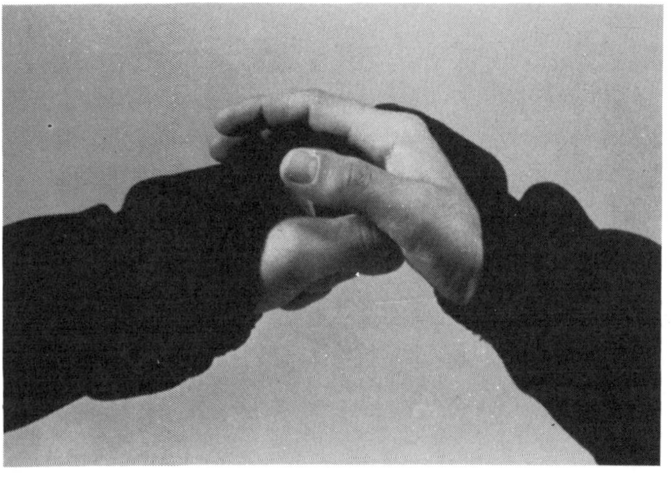

Gesamt-Programm

Stand 1.1.1985

Essen und Trinken

Kalte und warme Vorspeisen
einfach · herzhaft · raffiniert. (5045) Von Karin Iden, 64 S., 43 Farbfotos, Pappband. **DM 12,80**/S 99.–

Köstliche Suppen
für jede Tages- und Jahreszeit. (5122) Von Elke Fuhrmann, 64 S., 38 Farbfotos, Pappband. **DM 12,80**/S 99.–

Kochen, was allen schmeckt
1700 Koch- und Backrezepte für jede Gelegenheit. (4098) Von Anneliese und Gerhard Eckert, 796 S., 60 Farbtafeln, Pappband. **DM 24,80**/S 198.–

Falken-Handbuch
Kochen nach allen Regeln der Kunst
Das moderne Grundkochbuch mit über 1000 Farbbildern. (4143) Von Margrit Gutta, 624 S., über 1000 farbige Abb., gebunden. **DM 78,–**/S 598.–

Brunos beste Rezepte
– rund ums Jahr (4154) Von Bruno Henrich, 136 S., 15 Farbfotos, kart. **DM 14,80**/S 119.–

Was koche ich heute?
Neue Rezepte für Fix-Gerichte. (0608) Von Annette Badelt-Vogt, 112 S., 16 Farbtafeln, kart. **DM 9,80**/S 79.–

Kochen für 1 Person
Rationell wirtschaften, abwechslungsreich und schmackhaft zubereiten. (0586) Von Marianne Nicolin, 136 S., 8 Farbtafeln, 20 Zeichnungen, kart. **DM 9,80**/S 79.–

Gesunde Kost aus dem Römertopf
(0442) Von Jutta Kramer, 128 S., 8 Farbtafeln, 13 Zeichnungen, kart. **DM 8,80**/S 74.–

Nudelgerichte
– lecker, locker, leicht zu kochen. (0466) Von Christiane Stephan, 80 S., 8 Farbtafeln, kart. **DM 7,80**/S 69.–

Omas Küche und unsere Küche heute
(4089) Von J. Peter Lemcke, 160 S., 8 Farbtafeln, 95 Zeichnungen, Pappband. **DM 24,80**/S 198.–

Die besten Eintöpfe und Aufläufe
(5079) Von Anneliese und Gerhard Eckert, 64 S., 49 Farbfotos, Pappband. **DM 12,80**/S 99.–

Hobby-Kochbuch für Tiefkühlkost
(0302) Von Ruth Vollmer-Ruprecht, 104 S., 8 Farbtafeln, kart. **DM 8,80**/S 74.–

Schnelle Küche
(4095) Von Anneliese und Gerhard Eckert, 136 S., 15 Farbtafeln, 61 Zeichnungen, kart., **DM 12,80**/S 99.–

Schnell gekocht – gut gekocht
mit vielen Rezepten für Schnellkochtöpfe und Schnellbratpfannen. (0265) Von Irmgard Persy, 96 S., 8 Farbtafeln, kart. **DM 7,80**/S 69.–

Kochen und backen im Heißluftherd
Vorteile, Gebrauchsanleitung, Rezepte. (0516) Von Katharina Kölner, 72 S., 8 Farbtafeln, kart. **DM 7,80**/S 69.–

Das neue Mikrowellen-Kochbuch
(0434) Von Hermann Neu, 64 S., 4 Farbtafeln, kart. **DM 6,80**/S 59.–

Ganz und gar mit Mikrowellen
(4094) Von Tina Peters, 208 S., 24 Farbfotos, kart. **DM 29,80**/S 239.–

Gesund kochen
wasserarm · fettfrei · aromatisch. (4060) Von Margrit Gutta, 240 S., 16 Farbtafeln, Pappband. **DM 19,80**/S 159.–

Alternativ essen
Die gesunde Sojaküche. (0553) Von Uwe Kolster, 112 S., 8 Farbtafeln, kart. **DM 9,80**/S 79.–

Kräuter- und Heilpflanzen-Kochbuch
für eine gesunde Lebensweise. (4066) Von Pia Pervenche, 143 S., 15 Farbtafeln, kart. **DM 12,80**/S 99.–

Natursammlers Kochbuch
Wildfrüchte und -gemüse, Pilze, Kräuter – finden und zubereiten. (4040) Von Christa-Maria Kerler, 140 S., 12 Farbtafeln, gebunden. **DM 19,80**/S 159.–

Miekes Kräuter- und Gewürzkochbuch
(0323) Von Irmgard Persy und Klaus Mieke, 96 S., 8 Farbtafeln, kart. **DM 8,80**/S 74.–

Haltbar machen durch **Trocknen und Dörren**
(0696) Von Maren Bustorf-Hirsch, 32 S., 42 Farbfotos, Spiralbindung. **DM 7,80**/ S 69.–

Alles über Einkochen, Einlegen, Einfrieren
Gesund und herzhaft. (4055) Von Birgit Müller, 152 S., 16 Farbtafeln, kart. **DM 12,80**/S 99.–

Einkochen
nach allen Regeln der Kunst. (0405) Von Birgit Müller, 128 S., 8 Farbtafeln, kart. **DM 9,80**/S 79.–

Das neue Fritieren
geruchlos, schmackhaft und gesund. (0365) Von Petra Kühne, 96 S., 8 Farbtafeln, kart. **DM 7,80**/S 69.–

Weltmeister-Soßen
Die Krönung der feinen Küche. (0357) Von Giovanni Cavestri, 96 S., 14 Farbtafeln, kart. **DM 9,80**/S 79.–

Wildgerichte
einfach bis raffiniert. (5115) Von Margrit Gutta, 64 S., 43 Farbfotos, Pappband. **DM 12,80**/S 99.–

Geflügel
Die besten Rezepte aus aller Welt. (5050) Von Margrit Gutta, 64 S., 32 Farbfotos, Pappband. **DM 12,80**/S 99.–

Raffinierte Steaks
und andere Fleischgerichte. (5043) Von Gerhard Eckert, 64 S., 43 Farbfotos, Pappband. **DM 12,80**/S 99.–

Mehr Freude und Erfolg beim **Grillen**
(4141) Von Alfred Berliner, 160 S., 147 Farbfotos, 10 farbige Zeichnungen, Pappband. **DM 24,80**/S 198.–

Grillen
– drinnen und draußen. (4047) Von Claus Arius, 152 S., 30 Farbtafeln, kart. **DM 12,80**/S 99.–

Grillen
Fleisch · Fisch · Beilagen · Soßen. (5001) Von Elke Fuhrmann, 64 S., 38 Farbfotos, Pappband. **DM 12,80**/S 99.–

Chinesisch kochen
Schmackhafte Rezepte für die abwechslungsreiche Küche. (5011) Von Anneliese und Gerhard Eckert, 64 S., 57 Farbfotos, Pappband. **DM 12,80**/S 99.–

Chinesisch kochen
mit dem WOK-Topf und dem Mongolen-Topf. (0557) Von Christiane Korn, 64 S., 8 Farbtafeln, kart. **DM 7,80**/S 69.–

Japanische Küche
schmackhaft und bekömmlich. (5087) Von Hiroko Toi, 64 S., 36 Farbfotos, Pappband. **DM 12,80**/S 99.–

Ostasiatische Küche
schmackhaft, bekömmlich und vielseitig. (5066) Von Taki Sozuki, 64 S., 39 Farbfotos, Pappband. **DM 12,80**/S 99.–

Nordische Küche
Speisen und Getränke von der Küste. (5082) Von Jutta Kürtz, 64 S., 44 Farbfotos, Pappband. **DM 12,80**/S 99.–

Deutsche Spezialitäten
(5025) Von Elke Fuhrmann, 64 S., 52 Farbfotos, Pappband. **DM 12,80**/S 99.–

Französisch kochen
(5016) Von Margrit Gutta, 64 S., 35 Farbfotos, Pappband. **DM 12,80**/S 99.–

Französische Küche
(0685) Von Margrit Gutta, 96 S., 16 Farbtafeln, kart., **DM 8,80**/S 74.–

Kochen und würzen mit **Knoblauch**
(0725) Von A. und G. Eckert, 96 S., 8 Farbtafeln, kart. **DM 7,80**/S 69.–

Schlemmerreise durch die **italienische Küche**
(4172) Von Velio Pifferi, 160 S., 109 Farbfotos, Pappband. **DM 24,80**/ S 198.–

Italienische Küche
(5026) Von Margrit Gutta, 64 S., 35 Farbfotos, Pappband. **DM 12,80**/S 99.–

Portugiesische Küche
und Weine · Kulinarische Reise durch Portugal. (0607) Von Enrique Kasten, 96 S., 16 Farbtafeln, kart. **DM 9,80**/S 79.–

Raffinierte Rezepte mit Oliven
(5119) Von Lutz Helger, 64 S., 53 Farbfotos, 4 Zeichnungen, Pappband. **DM 14,80**/S 119.–

Köstliche Pizzas, Toasts, Pasteten
(5081) Von Anneliese und Gerhard Eckert, 64 S., 48 Farbfotos, Pappband. **DM 12,80**/S 99.–

Internationale Spezialitäten
(4130) Von Christine Schönherr, 240 S., 116 Farbfotos, gebunden. **DM 48,–**/S 398.–

Köstliche Pilzgerichte
Rezepte für die meistvorkommenden Speisepilze. (5133) Von Valerie Spicker-Noack, Martin Knoop, 64 S., 52 Farbfotos, Pappband. **DM 12,80**/S 99.–

Am Tisch zubereitet
(4152) Von Ilse Otto, 208 S., 12 Farbtafeln, 17 s/w-Fotos, Pappband. **DM 24,80**/S 198.–

Fondues
(5006) Von Eva Exner, 64 S., 50 Farbfotos, Pappband. **DM 12,80**/S 99.–

Fondues
und fritierte Leckerbissen. (0471) Von Stefanie Stein, 80 S., 8 Farbtafeln, kart. **DM 6,80**/S 59.–

Fondues · Raclettes · Flambiertes
(4081) Von Renate Peiler und Marie-Louise Schult, 136 S., 15 Farbtafeln, 28 Zeichnungen, kart. **DM 12,80**/S 99.–

Neue, raffinierte Rezepte mit dem Raclettegrill
(0558) Von Lutz Helger, 56 S., 8 Farbtafeln, kart. **DM 7,80**/S 69.–

Rezepte rund um Raclette und Hobby-Rechaud
(0420) Von Jack W. Hochscheid, 72 S., 15 Farbtafeln, kart. **DM 7,80**/S 69.–

Die große farbige Kalte Küche
Vom Partyhappen zum Kalten Buffet (4134) Von Christine Schönherr, 400 S., über 220 farbigen Abb., gebunden **DM 33,–**/S 268.–

Kleine Kalte Küche
für Alltag und Feste. (5097) Von Anneliese und Gerhard Eckert, 64 S., 45 Farbfotos, Pappband. **DM 12,80**/S 99.–

Kalte Platten
(4064) Von Maitre Pierre Pfister, 240 S., 135 großformatige Farbfotos, gebunden. **DM 48,–**/S 398.–

Kalte Platten – Kalte Büfetts
(5015) Von Margrit Gutta, 64 S., 34 Farbfotos, Pappband. **DM 12,80**/S 99.–

Kalte Happen
und Partysnacks. (5029) Von Dolly Peters, 64 S., 35 Farbfotos, Pappband. **DM 12,80**/S 99.–

Salate
(4119) Von Christine Schönherr, 240 S., 115 Farbfotos, gebunden. **DM 48,–**/S 389.–

Salate für alle Gelegenheiten
(5002) Von Elke Fuhrmann, 64 S., 47 Farbfotos, Pappband. **DM 12,80**/S 99.–

111 köstliche Salate
Erprobte Rezepte mit Pfiff. (0222) Von Christine Schönherr, 96 S., 8 Farbtafeln, 30 Zeichnungen, kart. **DM 8,80**/S 74.–

Salate
Das köstlich knackige Schlemmervergnügen. (4165) Von Veronika Müller, 160 S., 79 Farbfotos, Pappband, **DM 24,80**/S 198.–

Desserts
(5020) Von Margrit Gutta, 64 S., 38 Farbfotos, Pappband. **DM 12,80**/S 99.–

Süße Nachspeisen
(0601) Von Petra Lohmann, 96 S., 8 Farbtafeln, 28 Zeichnungen, kart. **DM 8,80**/S 74.–

Crêpes, Omeletts und Soufflés
Pikante und süße Spezialitäten. (5131) Von Jutta Rosenkranz, 64 S., 45 Farbfotos, Pappband. **DM 12,80**/S 99.–

Backen
(4113) Von Margrit Gutta, 240 S., 123 Farbfotos, gebunden. **DM 48,–**/S 398.–

Kuchen und Torten
(5067) Von Marlies Sauerborn, 64 S., 79 Farbfotos, Pappband. **DM 12,80**/S 99.–

Schönes Hobby: Backen
Erprobte Rezepte mit modernen Backformen. (0451) Von Elke Blome, 96 S., 8 Farbtafeln, kart. **DM 7,80**/S 69.–

Kleingebäck
Plätzchen · Kekse · Guetzli. (5089) Von Margrit Gutta, 64 S., 50 Farbfotos, Pappband. **DM 12,80**/S 99.–

Weihnachtsbäckerei
Köstliche Plätzchen, Stollen, Honigkuchen und Festtagstorten. (0682) Von Marlies Sauerborn, 32 S., 34 Farbfotos, Spiralbindung. **DM 6,80**/S 59.–

Waffeln
süß und pikant. (0522) Von Christiane Stephan, 64 S., 4 Farbtafeln, kart. **DM 6,80**/S 59.–

Mehr Freude und Erfolg beim **Brotbacken**
(4148) Von Anneliese und Gerhard Eckert, 160 S., 177 Farbfotos, Pappband. **DM 24,80**/S 198.–

Brotspezialitäten
knusprig backen – herzhaft kochen. (5088) Von Jack W. Hochscheid und Lutz Helger, 64 S., 50 Farbfotos, Pappband. **DM 12,80**/S 99.–

Selbst Brotbacken
Über 50 erprobte Rezepte. (0370) Von Jens Schiermann, 80 S., 6 Zeichnungen, 4 Farbtafeln, kart. **DM 6,80**/S 59.–

Meine Vollkornbackstube
Brot · Kuchen · Aufläufe. (0616) Von Rita Raffelt, 96 S., 4 Farbtafeln, 4 s/w-Fotos, 8 Zeichnungen, kart. **DM 6,80**/S 59.–

Backen, was allen schmeckt
Kuchen, Torten, Gebäck und Brot (4166) Von Elke Blome, 556 S., 40 Farbtafeln, Pappband. **DM 19,80**/S 159.–

Kochen für Diabetiker
Gesund und schmackhaft für die ganze Familie. (4132) Von M. Toeller, W. Schumacher, A.C. Groote, 224 S., 109 Farbfotos, 94 Zeichnungen, gebunden. **DM 26,80**/S 218.–

Neue Rezepte für Diabetiker-Diät
Vollwertig – abwechslungsreich – kalorienarm. (0418) Von Monika Oehlrich, 120 S., 8 Farbtafeln, kart. **DM 9,80**/S 79.–

Schlemmertips für Figurbewußte
(0680) Von Volker Kahn, 64 S., 8 Farbtafeln, kart. **DM 9,80**/S 79.–

Wer schlank ist, lebt gesünder
Tips und Rezepte zum Schlankwerden und -bleiben. (0562) Von Renate Mainer, 80 S., 8 Farbtafeln, kart. **DM 8,80**/S 74.–

Kalorien – Joule
Eiweiß · Fett · Kohlenhydrate tabellarisch nach gebräuchlichen Mengen. (0374) Von Marianne Bormio, 88 S., kart., **DM 5.80**/49.–

Die 4444-Joule-Diät
Schlankessen mit Genuß. (0530) Von Hans J. Fahrenkamp, 160 S., 8 Farbtafeln, kart., **DM 9,80**/S 79.–

Alles mit Joghurt
tagfrisch selbstgemacht. Mit vielen Rezepten. (0382) Von Gerda Volz, 88 S., 8 Farbtafeln, kart., **DM 7,80**/S 69.–

Die Brot-Diät
Ein Schlankheitsplan ohne Extreme. (0452) Von Prof. Dr. Erich Menden und Waltraud Aign, 92 S., 8 Farbtafeln, kart., **DM 7,80**/S 69.–

Rohkost
abwechslungsreich · schmackhaft · gesund. (5044) Von Ingrid Gabriel, 64 S., 53 Farbfotos, Pappband. **DM 12.80**/S 99.–

Neue Cocktails und Drinks
mit und ohne Alkohol. (0517) Von Siegfried Späth, 128 S., 4 Farbtafeln, kart., **DM 9,80**/S 79.–

Mixen mit und ohne Alkohol
(5017) Von Holger Hofmann, 64 S., 35 Farbfotos, Pappband. **DM 12.80**/S 99.–

Cocktails und Mixereien
(0075) Von Jonny Walker, 104 S., 4 Farbtafeln, kart. **DM 6,80**/S 59.–

Die besten Punsche, Grogs und Bowlen
(0575) Von Friedel Dingden, 64 S., 2 Farbtafeln, kart. **DM 6,80**/S 59.–

Weinlexikon
Wissenswertes über die Weine der Welt. (4149) Von Urban Keller, 228 S., 6 Farbtafeln, 395 s/w-Fotos, Pappband. **DM 29,80**/S 239.–

Köstliches Lebenselixier **Wein**
(2204) Von Heinz Steffan, 80 S., 73 Farbfotos, Pappband. **DM 9,80**/S 85.–

Von der Romantik der blauen Stunde **Cocktails und Drinks**
(2209) Von Siegfried Späth, 80 S., 25 Farbfotos und Zeichnungen, Pappband. **DM 9,80**/S 85.–

Vom Genuß des braunen Goldes **Kaffee**
(2213) Von Helmut Strutzmann, 80 S., 49 Fotos, Pappband. **DM 9,80**/S 85.–

Kaffee für Genießer
(0492) Von Christiane Barthel, 88 S., 8 Farbtafeln, kart. **DM 6,80**/S 59.–

FALKEN VERLAG

Die Preise entsprechen dem Status beim Druck dieses

Heißgeliebter Tee
Sorten, Rezepte und Geschichte. (4114) Von Curt Maronde, 153 S., 16 Farbtafeln, 93 Zeichnungen, gebunden.
DM 24,80/S 198.–

Tee für Genießer.
Sorten · Riten · Rezepte. (0356) Von Marianne Nicolin, 64 S., 4 Farbtafeln, kart. **DM 5,80**/S 49.–

Tee
Herkunft · Mischungen · Rezepte. (0515) Von Sonja Ruske, 96 S., 4 Farbtafeln, viele Abbildungen, Pappband.
DM 9,80/S 79.–

Vom höchsten Genuß des Teetrinkens
(2201) Von Inge Ubenauf, 80 S., 57 Farbfotos, Pappband.
DM 9,80/S 85.–

Mitbringsel aus meiner Küche
(0668) Von Christine Schönherr, 32 S., 30 Farbfotos, Spiralbindung,
DM 7,80/S 69.–

Kinder lernen spielend backen
(5110) Von Margrit Gutta, 64 S., 50 Farbfotos, Pappband.
DM 12,80/S 99.–

Kinder lernen spielend kochen
(5096) Von Margrit Gutta, 64 S., 45 Farbfotos, Pappband.
DM 12,80/S 99.–

Biologisch Backen
Neue Rezeptideen für Kuchen, Brote, Kleingebäck aus vollem Korn
(4174) Von Maren Bustorf-Hirsch, 136 S., 15 Farbtafeln, 47 Zeichnungen, kart.
DM 14,80/S 119.–

Das Reformhaus-Kochbuch
Gesunde Ernährung mit hochwertigen Naturprodukten
(4180) Von A. u. G. Eckert, 160 S., 15 Farbtafeln, Pbd., **DM 24,80**/S 198.–

Biologische Ernährung
für eine natürliche und gesunde Lebensweise. (4125) Von C. Leibold, 136 S., 15 Farbtafeln, 47 Zeichnungen, kart. **DM 12,80**/S 99.–

Biologisch Kochen
– vitaminreich und naturbelassen (4162) Von Maren Bustdorf-Hirsch und Karin Siegel, 144 S., 15 Farbtafeln, 51 Zeichnungen, kart., **DM 14,80**/S 119.–

Gesund leben – schlank werden mit der
Bio-Kur
(0657) Von Sylvia Winter, 144 S., 48 Farbtafeln, kart. **DM 9,80**/S 79.–

Hobby

Aquarellmalerei
als Kunst und Hobby. (4147) Von Horst Haack und Brigitte Wersche, 136 S., 62 Farbfotos, 119 Zeichnungen, gebunden **DM 39,–**/S 319,–

Aquarellmalerei
Materialien · Techniken · Motive. (5099) Von Thomas Hinz, 64 S., 79 Farbfotos, Pappband. **DM 12,80**/S 99,–

Naive Malerei
leicht gemacht. (5083) Von Felizitas Krettek, 64 S., 76 Farbfotos, Pappband.
DM 12,80/S 99,–

Zeichnen Sie mal – malen Sie mal.
(5095) Von Ferry Ahrlé und Volker Kühn, 112 S., 16 Farbtafeln, viele Zeichnungen, kart. **DM 14,80**/S 119,–

Bauernmalerei
als Kunst und Hobby. (4057) Von Arbo Gast und Hannie Stegmüller, 128 S., 239 Farbfotos, 26 Riß-Zeichnungen, gebunden. **DM 39,–**/S 319,–

Hobby-Bauernmalerei
(0436) Von Senta Ramos und Jo Roszak, 80 S., 116 Farbfotos und 28 Motivvorlagen, kart. **DM 19,80**/S 159,–

Bauernmalerei
Kreatives Hobby nach alter Volkskunst (5039) Von Senta Ramos, 64 S., 78 Farbfotos, Pappband.
DM 12,80/S 99,–

Glasmalerei
als Kunst und Hobby. (4088) Von Felizitas Krettek und Suzanne Beeh-Lustenberger, 132 S., 182 Farbfotos, 36 Motivvorlagen, gebunden.
DM 39,–/S 319,–

Glasritzen
Materialien, Formen, Motive. (5109) Von Gerlind Mégroz, 64 S., 110 Farbfotos, 15 Zeichnungen, Pappband.
DM 14,80/S 119,–

Brandmalerei
leicht gemacht. (5106) Von Klaus Reinhardt, 64 S., 68 Farbfotos, 23 Zeichnungen, Pappband. **DM 12,80**/S 99,–

Zauberhafte Seidenmalerei
Materialien · Techniken · Gestaltungsvorschläge. (0664) Von Erika Dorn, 32 S., 62 Farbfotos, Spiralbindung.
DM 6,80/S 59,–

Hobby Seidenmalerei
(0611) Von Renate Henge, 88 S., 106 Farbfotos, 28 Zeichnungen, kart.
DM 19,80/S 159,–

Hobby Stoffdruck und Stoffmalerei
(0555) Von Anneliese Ursin, 80 S., 68 Farbfotos, 68 Zeichnungen, kart.
DM 19,80/S 159,–

Stoffmalerei und Stoffdruck
leicht gemacht. (5074) Von Heide Gehring, 64 S., 110 Farbfotos, Pappband.
DM 12,80/S 99,–

Batik
leicht gemacht. (5112) Von Arbo Gast, 64 S., 105 Farbfotos, Pappband.
DM 12,80/S 99,–

Schöne Geschenke selbermachen
(4128) Von Marlene Kühnle, 128 S., 278 Farbfotos, 85 farbige Zeichnungen, gebunden. **DM 39,–**/S 319,–

Schöne Sachen selbermachen
88 Ideen zum Modellieren und Verschenken. (5117) Von Evelyn Guder-Thelen, 64 S., 73 Farbfotos, Pappband.
DM 12,80/S 99,–

Flechten
mit Bast, Stroh und Peddigrohr. (5098) Von Hanne Hangleiter, 64 S., 47 Farbfotos, 76 Zeichnungen, Pappband. **DM 12,80**/S 99,–

Makramee
als Kunst und Hobby. (4085) Von Eva Andersen, 128 S., 114 Farbfotos, 157 s/w-Fotos, gebunden.
DM 39,–/S 319,–

Makramee
Knüpfarbeiten leicht gemacht. (5075) Von Birte Pröttel, 64 S., 95 Farbfotos, Pappband. **DM 12,80**/S 99,–

Häkeln
Schritt für Schritt für Rechts- und Linkshänder. (5134) Von Hella Klaus, 64 S., 120 Farbfotos, 144 Zeichnungen, Pappband. **DM 14,80**/S 119,–

Häkeln und Makramee
Techniken · Geräte · Arbeitsmuster. (0320) Von Dr. Marianne Stradal, 104 S., 191 Abbildungen und Schemata, kart.
DM 6,80/S 59,–

Sticken
Schritt für Schritt für Rechts- und Linkshänder. (5135) Von Ute Werner, 64 S., 196 Farbfotos, 96 Zeichnungen, Pappband. **DM 14,80**/S 119,–

Falken-Handbuch **Stricken**
ABC der Stricktechniken und Strickmuster in ausführlichen Schritt-für-Schritt-Bildfolgen. (4137) Von Maria Natter, 312 S., 32 Farbtafeln, über 800 Fotos und Zeichnungen, Pappband.
DM 29,80/S 239,–

Selbstgestrickte Puppen
Materialien und Arbeitsanleitungen. (0638) Von Bertl Wehrle, 32 S., 23 Farbfotos, 24 Zeichnungen, Spiralbindung.
DM 6,80/S 59,–

Strick mit!
Ein Kurs für Anfänger. (5094) Von Birte Pröttel, 120 S., 72 Farbfotos, 188 s/w-Abb., kart. **DM 14,80**/S 119,–

Stoff- und Kuscheltiere
stricken, häkeln, nähen. (5090) Von Birte Pröttel, 64 S., 50 Farbfotos, Pappband.
DM 12,80/S 99,–

Textiles Gestalten
Weben, Knüpfen, Batiken, Sticken, Objekte und Strukturen. (5123) Von Johann Fricke, 136 S., 67 Farb- und 189 s/w-Fotos, 15 Zeichnungen, kart.
DM 16,80/S 139,–

Gestalten mit Glasperlen
Fädeln · Sticken · Weben (0640) Von Angelika Köhler, 32 S., 55 Farbfotos, Spiralbindung. **DM 6,80**/S 59,–

Marionetten
Entwerfen · Gestalten · Führen (5118) Von Axel Krause und Alfred Bayer, 64 S., 83 Farbfotos, 2 s/w-Fotos, 40 Zeichnungen, Pappband. **DM 14,80**/S 119,–

Arbeiten mit Ton
(5048) Von Johann Fricke, 128 S., 15 Farbtafeln, 166 s/w-Fotos, kart.
DM 14,80/S 119,–

FALKEN VERLAG

Töpfern
als Kunst und Hobby. (4073) Von Johann Fricke, 132 S., 37 Farbfotos, 222 s/w-Fotos, gebunden. **DM 29,80**/S 239,–

Neue zauberhafte Salzteig-Ideen
(0719) Von Isolde Kiskalt, 80 S., 320 Farbfotos, 12 Zeichnungen, kart., **DM 19,80**/S 159.–

Hobby Salzteig
(0662) Von Isolde Kiskalt, 80 S., 150 Farbfotos, 5 Zeichnungen, Schablonen, kart. **DM 19,80**/S 159,–

Gestalten mit Salzteig
Formen · Bemalen · Lackieren. (0613) Von Wolf-Ulrich Cropp, 32 S., 56 Farbfotos, 17 Zeichnungen, Spiralbindung, **DM 7,80**/S 69,–

Buntbemalte Kunstwerke aus Salzteig
Figuren, Landschaften und Wandbilder. (5141) Von Gabi Belli, 64 S., 165 Farbfotos, 1 Zeichnung, Pappband. **DM 12,80**/S 99.–

Tiffany-Lampen selbermachen
(0684) Von Ingeborg Spliethoff, 32 S., 60 Farbfotos, Spiralbindung. **DM 7,80**/S 69,–

Kerzen und Wachsbilder
gießen · modellieren · bemalen. (5108) Von Christa Riess, 64 S., 110 Farbfotos, Pappband. **DM 12,80**/S 99,–

Zinngießen
leicht gemacht. (5076) Von Käthi Knauth, 64 S., 85 Farbfotos, Pappband. **DM 12,80**/S 99,–

Schmuck und Objekte aus Metall und Email
(5078) Von Johann Fricke, 120 S., 183 Abbildungen, kart. **DM 16,80**/S 139,–

Leder
schneiden · prägen · besticken. (5125) Von Karl-Heinz Bühler, 64 S., 54 Farbfotos, 32 Zeichnungen, Pappband. **DM 14,80**/S 119,–

Hobby Holzschnitzen
Von der Astholzfigur zur Vollplastik. (5101) Von Heinz-D. Wilden, 112 S., 16 Farbtafeln, 135 s/w-Fotos, kart. **DM 16,80**/S 139,–

Papiermachen
ein neues Hobby. (5105) Von Ralf Weidenmüller, 64 S., 84 Farbfotos, 9 s/w-Fotos, 14 Zeichnungen, Pappband. **DM 14,80**/S 119,–

Falken-Handbuch **Heimwerken**
Reparieren und selbermachen in Haus und Wohnung – über 1100 Farbfotos. Sonderteil: Praktisches Energiesparen. (4117) Von Thomas Pochert, 440 S., 1103 Farbfotos, 100 ein- und zweifarbige Abb., gebunden. **DM 49,–**/S 398,–

Restaurieren von Möbeln Stilkunde, Materialien, Techniken, Arbeitsanleitungen. (4120) Von Ellinor Schnaus-Lorey, 152 S., 418 Zeichnungen, s/w-und Farbfotos, gebunden. **DM 39,–**/S 319,–

Möbel aufarbeiten, reparieren, pflegen
(0386) Von Ellinor Schnaus-Lorey, 96 S., 28 Fotos und 101 Zeichnungen, kart., **DM 6,80**/S 59,–

Gestalten mit Naturmaterialien
Zweige, Kerne, Federn, Muscheln und anderes. (5128) Von Ilse Krohn, 64 S., 101 Farbfotos, 11 farbige Zeichnungen, Pappband. **DM 14,80**/S 119,–

Dauergestecke
mit Zweigen, Trocken- und Schnittblumen. (5121) Von Gabriele Vocke, 64 S., 57 Farbfotos, Pappband. **DM 14,80**/S 119,–

Blumengestecke im Ikebanastil
(5041) Von Gabriele Vocke, 64 S., 37 Farbfotos, viele Zeichnungen, kart. **DM 14,80**/S 119,–

Trockenblumen und Gewürzsträuße
(5084) Von Gabriele Vocke, 64 S., 63 Farbfotos, Pappband. **DM 12,80**/S 99,–

Hobby Trockenblumen
Gewürzsträuße, Gestecke, Kränze, Buketts. (0643) Von Rosemie Strobel-Schulze, 88 S., 170 Farbfotos, kart. **DM 19,80**/S 159,–

Hobby Gewürzsträuße
Zauberhafte Gebinde nach Salzburger Art (0726) Von Anneliese Ott, 80 S., 101 Fotos, 51 Zeichnungen, kart., **DM 19,80**/S 159.–

Modellieren
mit selbsthärtendem Material. (5085) Von Klaus Reinhardt, 64 S., 93 Farbfotos, Pappband. **DM 12,80**/S 99,–

Formen mit Backton
Töpfern ohne Brennofen. (0612) Von Angelika Köhler, 32 S., 51 Farbfotos, Spiralbindung. **DM 7,80**/S 69,–

Keramik kreativ gestalten
(5072) Von Ewald Stark, 64 S., 117 Farbfotos, Pappband. **DM 12,80**/S 99,–

Formen gießen und bemalen
(0639) Von Heidemarie Berger, 32 S., 46 Farbfotos, Spiralbindung. **DM 6,80**/S 59.–

Porzellanpuppen
Zauberhafte alte Puppen selbst nachbilden. (5138) Von Carol Ann und Debbie Stanton, 64 S., 58 Farbtafeln, 22 Zeichnungen, Pappband. **DM 16,80**/S 139.–

Vogelhäuschen, Nistkästen, Vogeltränken mit Plänen und Anleitungen zum Selbstbau. (0695) Von Joachim Zech, 32 S., 42 Farbfotos, 5 Zeichnungen, Spiralbindung. **DM 7,80**/S 69.–

Das Herbarium
Pflanzen sammeln, bestimmen und pressen. Gestalten mit Blüten, Blättern und Gräsern. (5113) Von Ingrid Gabriel, 96 S., 140 Farbtafeln, 6 farbige Zeichnungen, Pappband. **DM 16,80**/S 139,–

Ikebana
Einführung in die japanische Kunst des Blumensteckens. (0548) Von Gabriele Vocke, 152 S., 47 Farbfotos, kart. **DM 19,80**/S 159,–

Origami –
die Kunst des Papierfaltens. (0280) Von Robert Harbin, 160 S., über 600 Zeichnungen, kart. **DM 9,80**/S 79,–

Advent und Weihnachten
Basteln – Backen – Schmücken – Feuern. (4067) Von Margrit Gutta, Hanne Hangleiter, Felicitas Buttig, Ingeborg Rathmann, Gabriele Vocke, 152 S., 15 Farbtafeln, zahlr. Abb., kart. **DM 12,80**/S 99,–

Weihnachtsbasteleien
(0667) Von Marlene Kühnle und Sven Beck, 32 S., 56 Farbfotos, 6 Zeichnungen, Spiralbindung. **DM 6,80**/S 59,–

Stricken
Schritt für Schritt für Rechts- und Linkshänder. (5142) Von Sabine Oelwein-Schefczik, 64 S., 148 Farbfotos, 173 Zeichnungen, Pappband, **DM 14,80**/S 119.–

Kuscheltiere stricken und häkeln
(0734) Von Berti Wehrle, 32 S., 60 Farbfotos, 28 Zeichnungen, Spiralbindung, **DM 7,80**/S 69.–

Schritt für Schritt zum Scherenschnitt
(0732) Von Heide Klingmüller, 32 S., 38 Farbfotos, 34 Vorlagen, Spiralbindung, **DM 7,80**/S 69.–

Dekorative Rupfenpuppen
Arbeitsanleitungen und Gestaltungsvorschläge. (0733) Von Bärbel Wenzelburger, 32 S., 57 Farbfotos, 14 Zeichnungen, Spiralbindung, **DM 7,80**/S 69.–

Pullover, Westen, Ensembles, Jacken
(4178) Von Ruth Weber, 208 S., 220 Farbfotos, 358 Zeichnungen, Pappband, **DM 29,80**/S 239.–

FALKEN VERLAG

Die Preise entsprechen dem Status beim Druck dieses

Freizeit

Aktfotografie
Gestaltung, Technik, Spezialeffekte (0737) Von Prof. Heinz Wedewardt, 88 S., 144 Farb- und 6 s/w-Fotos, 6 Zeichnungen, kart., **DM 19,80**/S 159.–

Videokassette Aktfotografie
Laufzeit ca. 60 Min. In Farbe. VHS (6001), Video 2000 (6002), Beta (6003) **DM 98,–**/S 882.–

Moderne Fotopraxis
Bildgestaltung · Aufnahmepraxis · Kameratechnik · Fotolexikon. (4030) Von Wolfgang Freihen, 304 S., 50 Farbfotos, 194 s/w-Abb., gebunden. **DM 36,–**/S 298,–

So macht man bessere Fotos
Das meistverkaufte Fotobuch der Welt. (0614) Von Martin L. Taylor, 192 S., 457 Farbfotos, 15 Abb., kart. **DM 14,80**/ S 119,–

Falken-Handbuch **Dunkelkammerpraxis**
Laboreinrichtung · Arbeitsabläufe Fehlerkatalog. Mit den neuesten Farbentwicklungsverfahren. (4140) Von Eugen Pauli, 200 S., 54 Farbfotos, 239 s/w-Fotos, 171 Zeichnungen, Pappband. **DM 29,80**/ S 239,–

Falken-Handbuch **Trickfilmen**
Flach-, Sach- und Zeichentrickfilme – von der Idee zur Ausführung. (4131) Von Heinz-D. Wilden, 144 S., über 430 überwiegend farbige Abb., gebunden. **DM 39,–**/S 319,–

Moderne Schmalfilmpraxis
Ausrüstungen · Drehbuch · Aufnahme Schnitt · Vertonung. (4043) Von Uwe Ney, 328 S., über 200 Abb., gebunden. **DM 29,80**/S 239,–

Schmalfilmen
Ausrüstung · Aufnahmepraxis · Schnitt Ton. (0342) Von Uwe Ney, 108 S., 4 Farbtafeln, 25 s/w-Fotos, kart. **DM 9,80**/S 79,–

Schmalfilme selbst vertonen
(0593) Von Uwe Ney, 96 S., 57 s/w-Fotos, 14 Zeichnungen, kart. **DM 9,80**/S 79,–

Falken-Handbuch **Videofilmen**
Systeme, Kameras, Aufnahme, Ton und Schnitt. (4093) Von Peter Lanzendorf, 288 S., 8 Farbtafeln, 165 s/w-Fotos, 25 Zeichnungen, gebunden. **DM 36,–**/S 298,–

Ferngelenkte Motorflugmodelle
bauen und fliegen. (0400) Von Werner Thies, 184 S., mit Zeichnungen und Detailplänen, kart. **DM 12,80**/S 99,–

Modellflug-Lexikon
(0549) Von Werner Thies, 280 S., 98 s/w-Fotos, 234 Zeichnungen, Pappband. **DM 36,–**/S 298,–

Flugmodelle
bauen und einfliegen. (0361) Von Werner Thies und Willi Rolf, 160 S., 63 Abb., 7 Faltpläne, kart. **DM 12,80**/S 99,–

Kleine Welt auf Rädern
Das faszinierende Spiel mit **Modelleisenbahnen** (4175) Von Florian Eisen, 256 S., 72 Farb- und 180 s/w-Fotos, 25 Zeichnungen, Pappband. **DM 29,80**/ S 239.–

Fotografie – Das Schöne als Ziel
Zur Ästhetik und Psychologie der visuellen Wahrnehmung. (4122) Von Ewald Stark, 208 S., 252 Farbfotos, 63 Zeichnungen, Ganzleinen. **DM 78,–**/S 624,–

Freude am Fotografieren
(4127) Von der Fachredaktion Kodak, 312 S., über 500 Farbfotos, Pappband. **DM 48,–**/S 398,–

Raketen auf Rädern
Autos und Motorräder an der Schallgrenze. (4220) Von Hans G. Isenberg, 96 S., 112 großformatige Farbfotos, 21 s/w-Fotos, Pappband. **DM 24,80**/S 198,–

Die rasantesten Rallyes der Welt
(4213) Von Hans G. Isenberg und Dirk Maxeiner, 96 S., 116 großformatige Farbfotos, Pappband. **DM 24,80**/S 198,–

Auto-Rallyes für jedermann
Planen – ausrichten – mitfahren. (0457) Von Rüdiger Hagelberg, 104 S., kart. **DM 9,80**/S 79,–

Die schnellsten Autos der Welt
(4201) Von Hans G. Isenberg und Dirk Maxeiner, 96 S., 110 meist vierfarbige Abb., Pappband. **DM 24,80**/S 198,–

Trucks
Giganten der Landstraßen in aller Welt. (4222) Von Hans G. Isenberg, 96 S., 131 Farbfotos, Pappband. **DM 24,80**/S 198,–

CB-Code
Wörterbuch und Technik. (0435) Von Richard Kerler, 120 S., mit technischen Abb., kart. **DM 7,80**/S 69,–

Ferngelenkte Elektromodelle
... bauen und fliegen. (0700) Von Werner Thies, 144 S., 52 s/w-Fotos, 52 Zeichnungen, kart. **DM 16,80**/139.–

Schiffsmodelle
selber bauen. (0500) Von Dietmar und Reinhard Lochner, 200 S., 93 Zeichnungen, 2 Faltpläne, kart. **DM 14,80**/S 119,–

Dampflokomotiven
(4204) Von Werner Jopp, 96 S., 134 großformatige Farbfotos, Pappband. **DM 24,80**/S 198,–

Zivilflugzeuge
Vom Kleinflugzeug zum Überschall-Jet. (4218) Von Richard J. Höhn und Hans G. Isenberg, 96 S., 115 großformatige Farbfotos, Pappband. **DM 24,80**/S 198,–

Die tollsten Motorflugzeuge aller Zeiten
(4208) Von Richard J. Höhn und Hans G. Isenberg, 96 S., 86 großformatige Farbfotos, Pappband. **DM 24,80**/S 198,–

Die schnellsten Motorräder der Welt
(4206) Von Hans G. Isenberg und Dirk Maxeiner, 96 S., 100 großformatige Farbfotos, Pappband. **DM 24,80**/S 198,–

Motorrad-Hits
Chopper, Tribikes, Heiße Öfen (4221) Von Hans G. Isenberg, 96 S., 119 Farbfotos, Pappband. **DM 24,80**/S 198,–

Ferngelenkte Segelflugmodelle
bauen und fliegen. (0446) Von Werner Thies, 176 S., 22 s/w-Fotos, 115 Zeichnungen, kart. **DM 14,80**/S 119,–

ZDF-Freizeitkalender 1985
(0697) 30 S., 32 Zeichnungen, **DM 12.80** /S 99.–

Münzen
Ein Brevier für Sammler. (0353) Von Erhard Dehnke, 128 S., 4 Farbtafeln, 17 s/w-Abb., kart. **DM 9,80**/S 79.–

Astronomie als Hobby
Sternbilder und Planeten erkennen und benennen. (0572) Von Detlev Block, 176 S., 16 Farbtafeln, 49 s/w-Fotos, 93 Zeichnungen, kart. **DM 14.80**/S 119.–

Gitarre spielen
Ein Grundkurs für den Selbstunterricht. (0534) Von Atti Roßmann, 96 S., 1 Schallfolie, 150 Zeichnungen, kart. **DM 24,80**/S 198.–

Falken-Handbuch **Zaubern**
Über 400 verblüffende Tricks. (4063) Von Friedrich Stutz, 368 S., 1200 Zeichnungen, geb. **DM 29,80**/S 239.–

Die liebenswerte Welt der Puppen
(2212) Von Ursula D. Damrau, 80 S., 60 Fotos, Pappband. **DM 9,80**/S 85.–

Entdecken Sie den **Hunsrück**
(2502) Von Gerhard Eckert, 96 S., 60 Farbfotos, kart., **DM 9,80**/S 79.–

Entdecken Sie das **Hochsauerland und den Arnsberger Wald**
(2503) Von Gerhard Eckert, 96 S., 75 Farbfotos, 3 Karten, kart. **DM 9,80**/S 79.–

Entdecken Sie **Kärnten**
(2505) Von Gerhard Eckert, 96 S., 96 Farbfotos, kart. **DM 9,80**/S 79.–

Entdecken Sie den **Bodensee**
(2506) Von Gerhard Eckert, 96 S., 97 Farbfotos, kart. **DM 9,80**/S 79.–

Entdecken Sie das **Montafon**
(2501) Von Gerhard Eckert, 96 S., 82 Farbfotos, kart. **DM 9,80**/S 79.–

Romantisches Deutschland
(4168) Von H. Bücken, 160 S., über 350 Fotos, Pappband, **DM 25,–**/S 200.–

Zaubern
einfach – aber verblüffend. (2018) Von Dieter Buoch, 84 S., 41 Zeichnungen, kart. **DM 6,80**/S 59.–

Zaubertricks
Das große Buch der Magie. (0282) Von Jochen Zmeck, 244 S., 113 Abb., kart. **DM 14,80**/S 119.–

Magische Zaubereien
(0672) Von Wilhelm Widenmann, 64 S., 31 Zeichnungen, kart. **DM 7,80**/S 69.–

Pfeife rauchen
(2203) Von Walter Hufnagel, 80 S., 77 Farbfotos, 4 s/w-Fotos, 11 Zeichnungen, Pappband. **DM 9,80**/S 85.–

Mineralien, Steine und Fossilien
Grundkenntnisse für Hobbysammler. (0437) Von Dieter Stobbe, 96 S., 16 Farbtafeln, 14 s/w-Fotos, 10 Zeichnungen, kart. **DM 9,80**/S 79.–

Freizeit mit dem Mikroskop
(0291) Von Martin Deckart, 132 S., 69 s/w-Fotos, 4 Zeichnungen, kart. **DM 9,80**/S 79.–

Mineralien und Steine
erkennen und benennen. Farben · Formen · Fundorte. (0409) Von Rudolf Graubner, 136 S., 100 Farbfotos, kart. **DM 14,80**/S 119.–

Briefmarken
sammeln für Anfänger. (0481) Von Dieter Stein, 120 S., 4 Farbtafeln, 98 s/w-Abb., kart. **DM 7,80**/S 69.–

FALKEN VERLAG

Sport

Judo
Grundlagen des Stand- und Bodenkampfes. (4013) Von Wolfgang Hofmann, 244 S., 589 Fotos, gebunden **DM 29,80** /S 239.–

Neue Lehrmethoden der Judo-Praxis
(0424) Von Pierre Herrmann, 223 S., 475 Abb., kart. **DM 16,80** /S 139.–

Judo
Grundlagen – Methodik. (0305) Von Mahito Ohgo, 208 S., 1025 Fotos, kart. **DM 14,80** /S 119.–

Wir machen Judo
(5069) Von Riccardo Bonfranchi und Ulrich Klocke, 92 S., mit Bewegungsabläufen in cartoonartigen zweifarbigen Zeichnungen, kart. **DM 12,80** /S 99.–

Fußwürfe
für Judo, Karate und Selbstverteidigung. (0439) Von Hayward Nishioka, 96 S., 260 Abb., kart. **DM 9,80** /S 79.–

Karate für alle
Karate Selbstverteidigung in Bildern. (0314) Von Albrecht Pflüger, 112 S., 356 s/w-Fotos, kart. **DM 9,80** /S 79.–

Karate für Frauen und Mädchen
Sport und Selbstverteidigung. (0425) Von Albrecht Pflüger, 168 S., 259 s/w-Fotos, kart. **DM 9,80** /S 79.–

Das Karate-Buch Ereignis seit Jahren! Alles Wissen über KARATE – die hohe Kunst der Selbstverteidigung – in einer 8bändigen Buchserie.

Nakayamas Karate perfekt 1
Einführung. (0487) Von Masatoshi Nakayama, 136 S., 605 s/w-Fotos, kart. **DM 19,80** /S 159.–

Nakayamas Karate perfekt 2
Grundtechniken. (0512) Von Masatoshi Nakayama, 136 S., 354 s/w-Fotos, 53 Zeichnungen, kart. **DM 19,80** /S 159.–

Nakayamas Karate perfekt 3
Kumite 1: Kampfübungen. (0538) Von Masatoshi Nakayama, 128 S., 424 s/w-Fotos, kart. **DM 19,80** /S 159.–

Nakayamas Karate perfekt 4
Kumite 2: Kampfübungen. (0547) Von Masatoshi Nakayama, 128 S., 394 s/w-Fotos, kart. **DM 19,80** /S 159.–

Nakayamas Karate perfekt 5
Kata 1: Heian, Tekki. (0571) Von Masatoshi Nakayama, 144 S., 1229 s/w-Fotos, kart. **DM 19,80** /S 159.–

Nakayamas Karate perfekt 6
Kata 2: Bassai-Dai, Kanku-Dai, (0600) Von Masatoshi Nakayama, 144 S., 1300 s/w-Fotos, 107 Zeichnungen, kart. **DM 19,80** /S 159.–

Nakayamas Karate perfekt 7
Kata 3: Jitte, Hangetsu, Empi. (0618) Von Masatoshi Nakayama, 144 S., 1988 s/w-Fotos, 105 Zeichnungen, kart. **DM 19,80** /S 159.–

Nakayamas Karate perfekt 8
Gankaku, Jion. (0650) Von Masatoshi Nakayama, 144 S., 1174 s/w-Fotos, kart. **DM 19,80** /S 159.–

Kontakt-Karate
Ausrüstung · Technik · Training. (0396) Von Albrecht Pflüger, 112 S., 238 s/w-Fotos, kart. **DM 14,80** /S 119.–

Karate-Do
Das Handbuch des modernen Karate. (4028) Von Albrecht Pflüger, 360 S., 1159 Abb., gebunden. **DM 29,80** /S 239.–

Bo-Karate
Kukishin-Ryu – die Techniken des Stockkampfes. ((0447) Von Georg Stiebler, 176 S., 424 s/w-Fotos, 38 Zeichnungen, kart. **DM 16,80** /S 139.–

Karate I
Einführung · Grundtechniken. (0227) Von Albrecht Pflüger, 148 S., 195 s/w-Fotos und Zeichnungen, kart. **DM 9,80** /S 79.–

Karate II
Kombinationstechniken · Katas. (0239) Von Albrecht Pflüger, 176 S., 452 s/w-Fotos und Zeichnungen, kart. **DM 9,80** /S 79.–

Karate Kata I
(0683) Von Wolf-Dieter Wichmann, ca. 144 S., ca. 350 Fotos, kart. **ca. DM 16,80** /S 139.–

Der König des Kung-Fu
Bruce Lee
Sein Leben und Kampf. (0392) Von seiner Frau Linda. 136 S., 104 s/w-Fotos, mit großem Bruce-Lee-Poster, kart. **DM 19,80** /S 159.–

Bruce Lees Kampfstil 1
Grundtechniken. (0473) Von Bruce Lee und M. Uyehara, 109 S., 220 Abb., kart. **DM 9,80** /S 79.–

Bruce Lees Kampfstil 2
Selbstverteidigungstechniken. (0486) Von Bruce Lee und M. Uyehara, 128 S., 310 Abb., kart. **DM 9,80** /S 79.–

Bruce Lees Kampfstil 3
Trainingslehre. (0503) Von Bruce Lee und M. Uyehara, 112 S., 246 Abb., kart. **DM 9,80** /S 79.–

Bruce Lees Kampfstil 4
Kampftechniken. (0523) Von Bruce Lee und M. Uyehara, 104 S., 211 Abb., kart. **DM 9,80** /S 79.–

Bruce Lees Jeet Kune Do
(0440) Von Bruce Lee, übersetzt von Hans-Jürgen Hesse, 192 S., mit 105 eigenhändigen Zeichnungen von Bruce Lee, kart. **DM 19,80** /S 159.–

Ju-Jutsu
Grundtechniken – Moderne Selbstverteidigung. (0276) Von Werner Heim und Franz J. Gresch, 160 S., über 600 s/w-Fotos, kart. **DM 9,80** /S 79.–

Ju-Jutsu 2
für Fortgeschrittene und Meister. (0378) Von Werner Heim und Franz J. Gresch, 164 S., 798 s/w-Fotos, kart. **DM 19,80** /S 159.–

Ju-Jutsu 3
Spezial-, Gegen- und Weiterführungstechniken. (0485) Von Werner Heim und Franz J. Gresch, 214 S., über 600 s/w-Fotos, kart. **DM 19,80** /S 159.–

Nunchaku
Waffe · Sport · Selbstverteidigung. (0373) Von Albrecht Pflüger, 144 S., 247 Abb., kart. **DM 16,80** /S 139.–

Shuriken · Tonfa · Sai
Stockfechten und andere bewaffnete Kampfsportarten aus Fernost. (0397) Von Andreas Schulz, 96 S., 253 s/w-Fotos, kart. **DM 12,80** /S 99.–

Illustriertes Handbuch des Taekwon-Do
Koreanische Kampfkunst und Selbstverteidigung. (4053) Von Konstantin Gil, 248 S., 1026 Abb., gebunden. **DM 29,80** /S 239.–

Taekwon-Do
Koreanischer Kampfsport. (0347) Von Konstantin Gil, 152 S., 408 Abb., kart. **DM 12,80** /S 99.–

Aikido
Lehren und Techniken des harmonischen Weges. (0537) Von Rolf Brand, 280 S., 697 Abb., kart. **DM 19,80** /S 159.–

Kung-Fu und Tai-Chi
Grundlagen und Bewegungsabläufe. (0367) Von Bruce Tegner, 182 S., 370 s/ w-Fotos, kart. **DM 14,80** /S 119.–

Kung-Fu II
Theorie und Praxis klassischer und moderner Stile. (0376) Von Manfred Pabst, 160 S., 330 Abb., kart. **DM 12,80** /S 99.–

Shaolin-Kempo – Kung-Fu
Chinesisches Karate im Drachenstil. (0395) Von Ronald Czerni und Klaus Konrad, 246 S., 723 Abbildungen, kart. **DM 19,80** /S 159.–

Hap Ki Do
Grundlagen und Techniken koreanischer Selbstverteidigung. (0379) Von Kim Sou Bong, 112 S., 153 Abb., kart. **DM 14,80** /S 119.–

Dynamische Tritte
Grundlagen für den Zweikampf. (0438) Von Chong Lee, 96 S., 398 s/w-Fotos, 10 Zeichnungen, kart. **DM 9,80** /S 79.–

Muskeltraining mit Hanteln
Leistungssteigerung für Sport und Fitness. (0676) Von Hans Schulz, 108 S., 92 s/w-Fotos, 2 Zeichnungen, kart. **DM 9,80** /S 79.–

Leistungsfähiger durch Krafttraining
Eine Anleitung für Fitness-Sportler, Trainer und Athleten (0617) Von Werner Kieser, 100 S., 20 s/w-Fotos, 62 Zeichnungen, kart. **DM 9,80** /S 79.–

Bodybuilding
Anleitung zum Muskel- und Konditionstraining für sie und ihn. (0604) Von Reinhard Smolana, 160 S., 172 Fotos, kart. **DM 9,80** /S 79.–

Bodybuilding für Frauen
Wege zu Ihrer Idealfigur (0661) Von Hans Schulz, 108 S., 84 s/w-Fotos, großes farbiges Übungsposter, kart. **DM 14,80** /S 119.–

Isometrisches Training
Übungen für Muskelkraft und Entspannung. (0529) Von Lothar M. Kirsch, 140 S., 164 s/w-Fotos, kart. **DM 9,80**/S 79.–

Radsport
Radtouristik und Rennen, Technik, Typen. (0550) Von Karl Ziegler und Rolf Lehmann, 120 S., 55 Abb., kart. **DM 9,80**/S 79.–

Walking
Fit, schlank und gesund durch Sportgehen. (0602) Von Gary D. Yanker, 104 S., 47 s/w-Fotos, kart. **DM 12,80**/S 99.–

Spaß am Laufen
Jogging für die Gesundheit. (0470) Von Werner Sonntag, 140 S., 41 s/w-Fotos, 1 Zeichnung, kart. **DM 9,80**/S 79.–

Mein bester Freund, der Fußball
(5107) Von Detlev Brüggemann und Dirk Albrecht, 144 S., 171 Abb., kart. **DM 16,80**/S 139.–

Fußball
Training und Wettkampf. (0448) Von Holger Obermann und Peter Walz, 166 S., 93 s/w-Fotos, 56 Zeichnungen, kart. **DM 12,80**/S 99.–

Handball
Technik – Taktik – Regeln. (0426) Von Fritz und Peter Hattig, 128 S., 91 s/w-Fotos, 121 Zeichnungen, kart. **DM 14,80**/S 119.–

Volleyball
Technik – Taktik – Regeln. (0351) Von Henner Huhle, 102 S., 330 Abb., kart. **DM 9,80**/S 79.–

Basketball
Technik und Übungen für Schule und Verein. (0279) Von Chris Kyriasoglou, 116 S., mit 252 Übungen zur Basketballtechnik, 186 s/w-Fotos und 164 Zeichnungen, kart. **DM 12,80**/S 99.–

Hockey
Technische und taktische Grundlagen. (0398) Von Horst Wein, 152 S., mit vielen Zeichnungen und Fotos, kart. **DM 16,80**/S 139.–

Eishockey
Lauf- und Stocktechnik, Körperspiel, Taktik, Ausrüstung und Regeln. (0414) Von Josef Čapla, 264 S., 567 s/w-Fotos, 163 Zeichnungen, kart. **DM 19,80**/S 159.–

Badminton
Technik · Taktik · Training. (0699) Von Klaus Fuchs, Lars Sologub, 168 S., 51 Farbabb., kart., **DM 16,80**/S 139.–

Golf
Ausrüstung – Technik – Regeln. (0343) Von J. C. Jessop, übersetzt von Heinz Biemer, mit einem Vorwort von H. Krings, Präsident des Deutschen Golf-Verbandes, 160 S., 65 Abb., Anhang Golfregeln des DGV, kart. **DM 16,80**/S 139.–

Pool-Billard
(0484) Herausgegeben vom Deutschen Pool-Billard-Bund, von Manfred Bach und Karl-Werner Kühn, 88 S., mit über 80 Abb., kart. **DM 7,80**/S 69.–

Sportschießen
für jedermann. (0502) Von Anton Kovacic, 124 S., 116 s/w-Fotos, kart. **DM 14,80**/S 119.–

Fechten
Florett · Degen · Säbel. (0449) Von Emil Beck, 88 S., 219 Fotos und Zeichnungen, kart. **DM 11,80**/S 94.–

Reiten
Dressur · Springen · Gelände. (0415) Von Ute Richter, 168 S., 235 Abb., kart. **DM 12,80**/S 99.–

Reiten
Vom ersten Schritt zum Reiterglück (5033) Von Herta F. Kraupa-Tuskany, 64 S., 34 Farbfotos, 2 Zeichnungen, Pappband. **DM 12,80**/S 99.–

Voltigieren.
Pflicht · Kür · Wettkampf. (0455) Von Josephine Bach, 120 S., 4 Farbtafeln, 88 s/w-Fotos, kart. **DM 12,80**/S 99.–

Fibel für Kegelfreunde
Sport- und Freizeitkegeln · Bowling. (0191) Von Georg Bocsai, 72 S., mit über 60 Abb., kart. **DM 5,80**/S 49.–

Beliebte und neue Kegelspiele
(0271) Von Georg Bocsai, 92 S., 62 Abb., kart. **DM 5,80**/S 49.–

111 spannende Kegelspiele
(2031) Von Hermann Regulski, 88 S., 53 Zeichnungen, kart., **DM 7,80**/S 69.–

Ski-Gymnastik
Fit für Piste und Loipe. (0450) Von Hannelore Pilss-Samek, 104 S., 67 s/w-Fotos, 20 Zeichnungen, kart. **DM 6,80**/S 59.–

Skischule
Ausrüstung · Technik · Gymnastik. (0369) Von Richard Kerler, 128 S., 100 Abb., kart. **DM 9,80**/S 79.–

Skilanglauf, Skiwandern
Ausrüstung und Techniken (5129) Von Toni Reiter und Richard Kerler, 80 S., 8 Farbtafeln, 85 Zeichnungen und s/w-Fotos, kart. **DM 12,80**/S 99.–

Alpiner Skisport
Ausrüstung · Techniken · Skigymnastik (5130) Von Kuno Meßmann, 128 S., 8 Farbfotos, 93 s/w-Fotos, 45 Zeichnungen, kart. **DM 12,80**/S 99.–

Frust und Freud beim Tennis
Psychologische Studien der Spielertypen und Verhaltensweisen. (4079) Von H. Cath, A. Kahn und N. Cobb, 176 S., gebunden. **DM 19,80**/S 159.–

Die neue Tennis-Praxis
Der individuelle Weg zu erfolgreichem Spiel. (4079) Von Richard Schönborn, 240 S., 202 Farbzeichnungen, gebunden. **DM 39,–**/S 319.–

Erfolgreiche Tennis-Taktik
(4086) Von Robert Ford Greene, übersetzt von Michael Rolf Fischer, 181 S., 87 Abb., kart. **DM 19,80**/S 159.–

Tennis kompakt
Der erfolgreiche Weg zu Spiel, Satz und Sieg. (5116) Von Wilfried Taferner, 128 S., 82 s/w-Fotos, 67 Zeichnungen, kart. **DM 12,80**/S 99.–

Tennis
Technik – Taktik – Regeln. (0375) Von Harald Elschenbroich, 112 S., 81 Abb., kart. **DM 6,80**/S 59.–

Squash
Ausrüstung – Technik – Regeln. (0539) Von Dietrich von Horn und Hein-Dirk Stünitz, 96 S., 55 s/w-Fotos, 25 Zeichnungen, kart. **DM 8,80**/S 74.–

Tischtennis
modern gespielt mit TT-Quiz 17 : 21. (0363) Von Ossi Brucker und Tibor Harangozo, 120 S., 65 Abb., kart. **DM 9,80**/S 79.–

Sporttauchen
Theorie und Praxis des Gerätetauchens. (0647) Von Siegfried Müßig, 144 S., 8 Farbtafeln, 35 s/w-Fotos, 89 Zeichnungen, kart., **DM 12,80**/S 99.–

Falken-Handbuch **Tauchsport**
Theorie · Geräte · Technik · Training. (4062) Von Wolfgang Freihen, 268 S., 32 Farb- u. 201 s/w-Fotos, gebunden. **DM 39,–**/S 319.–

Segeln
(4207) Von Claus Hehner, 96 S., 106 großformatige Farbfotos, Pappband. **DM 24,80**/S 198.–

Windsurfing
Lehrbuch für Grundschein und Praxis. (5028) Von Calle Schmidt, 64 S., 60 Farbfotos, Pappband. **DM 12,80**/S 99.–

Sportfischen
Fische – Geräte – Technik. (0324) Von Helmut Oppel, 144 S., 49 s/w-Fotos, 8 Farbtafeln, kart. **DM 9,80**/S 79.–

Falken-Handbuch **Angeln**
in Binnengewässern und im Meer. (4090) Von Helmut Oppel, 344 S., 24 Farbtafeln, 66 s/w-Fotos, 151 Zeichnungen, gebunden. **DM 39,–**/S 319.–

Angeln
Kleine Fibel für den Sportfischer. (0198) Von Eberhard Bondick, 96 S., 116 Abb., kart. **DM 8,80**/S 74.–

Die Erben Lilienthals
Sportfliegen heute
(4054) Von Günter Brinkmann, 240 S., 32 Farbtafeln, 176 s/w-Fotos, 33 Zeichnungen, gebunden. **DM 39,–**/S 319.–

Einführung in das Schachspiel
(0104) Von Walter Wollenschläger und Karl Colditz, 92 S., 65 Diagramme, kart. **DM 6,80**/S 59.–

Schach-WM '81
Karpow – Kortschnoi. Mit ausführlichem Kommentar zu allen Partien. (0583) Von Großmeister Helmut Pfleger und Otto Borik, 179 S., zahlreiche Diagramme und Fotos, kart. **DM 16,80**/S 139.–

Spielend Schach lernen
(2002) Von Theo Schuster, 128 S., kart. **DM 6,80**/S 59.–

Kinder- und Jugendschach
Offizielles Lehrbuch zur Erringung der Bauern-, Turm- und Königsdiplome des Deutschen Schachbundes. (0561) Von Berend J. Withuis und Helmut Pfleger, 144 S., 11 s/w-Fotos, 223 Abb., kart. **DM 12,80**/S 99.–

Neue Schacheröffnungen
(0478) Von Theo Schuster, 108 S., 100 Diagramme, kart. **DM 8,80**/S 74.–

Schach für Fortgeschrittene
Taktik und Probleme des Schachspiels. (0219) Von Rudolf Teschner, 96 S., 85 Schachdiagramme, kart. **DM 5,80**/S 49.–

Schach TV-Worldcup '82
Turnier der Schachgroßmeister.
(4133) Von Helmut Pfleger und Eugen Kurz, 208 S., 41 s/w-Fotos, 3 Zeichnungen, gebunden.
DM 26,80/S 218.–

Schachstrategie
Ein Intensivkurs mit Übungen und ausführlichen Lösungen.
(0584) Von Alexander Koblenz, dt. Bearb. von Karl Colditz, 212 S., 240 Diagramme, kart.
DM 16,80/S 139.–

Falken-Handbuch **Schach**
Das Handbuch für Anfänger und Könner.
(4051) Von Theo Schuster, 360 S., über 340 Diagramme, gebunden.
DM 29,80/S 239.–

Die besten Partien der deutschen Schachgroßmeister
(4121) Von Helmut Pfleger, 192 S., 29 s/w-Fotos, 89 Diagramme, Pappband.
DM 29,80/S 239.–

Turnier der Schachgroßmeister '83
Karpow · Hort · Browne · Miles · Chandler · Garcia · Rogers · Kindermann.
(0718) Von Helmut Pfleger · Eugen Kurz, 176 S., 28 s/w-Fotos, 69 Diagramme, kart. **DM 16,80**/S 139.–

Lehr-, Übungs- und Testbuch der Schachkombinationen
(0649) Von Karl Colditz, 184 S., über 200 Diagramme, kart.
DM 14,80/S 119.–

Zug um Zug
Schach für jedermann 1
Offizielles Lehrbuch des Deutschen Schachbundes zur Erringung des Bauerndiploms.
(0648) Von Helmut Pfleger und Eugen Kurz, 80 S., 24 s/w-Fotos, 8 Zeichnungen, 60 Diagramme, kart. **DM 6,80**/S 59.–

Schach als Kampf
(0729) Von Gary Kasparow, 144 S., 95 Diagramme, 9 s/w-Fotos, kart.,
DM 14,80/S 119.–

Zug um Zug
Schach für jedermann 2
Offizielles Lehrbuch des Deutschen Schachbundes zur Erringung des Turmdiploms. (0659) Von Helmut Pfleger und Eugen Kurz, 132 S., 8 s/w-Fotos, 14 Zeichnungen, 78 Diagramme, kart.
DM 9,80/S 79.–

Schachtraining mit den Großmeistern
(0670) Von Hans Bouwmeester, 128 S., 90 Diagramme, kart.
DM 14,80/ S 119.–

Spiele, Denksport, Unterhaltung

Kartenspiele
(2001) Von Claus D. Grupp, 144 S., kart. **DM 7,80**/S 69.–

Neues Buch der siebzehn und vier Kartenspiele
(0095) Von Karl Lichtwitz, 96 S., kart. **DM 6,80**/S 59.–

Alles über Pokern
Regeln und Tricks.
(2024) Von Claus D. Grupp, 120 S., 29 Kartenbilder, kart.
DM 8,80/S 74.–

Rommé und Canasta
in allen Variationen.
(2025) Von Claus D. Grupp, 124 S., 24 Zeichnungen, kart.,
DM 9,80/S 79.–

Schafkopf, Doppelkopf, Binokel, Cego, Gaigel, Jaß, Tarock und andere „Lokalspiele".
(2015) Von Claus D. Grupp, 152 S., kart. **DM 9,80**/S 79.–

Das Skatspiel
Eine Fibel für Anfänger.
(0206) Von Karl Lehnhoff, überarb. von P. A. Höfges, 96 S., kart.
DM 5,80/S 49.–

Falken-Handbuch **Patiencen**
(4151) Von U. v. Lyncker, ca. 192 S., ca. 120 Abbildungen, Pappband.
DM 19,80/S 159.–

Patiencen
in Wort und Bild.
(2003) Von Irmgard Wolter, 136 S., kart. **DM 7,80**/S 69.–

Kartentricks
(2010) Von Theodor A. Rosee, 80 S., 13 Zeichnungen, kart. **DM 6,80**/S 59.–

Neue Kartentricks
(2027) Von Klaus Pankow, 104 S., 20 Abb., kart. **DM 7,80**/S 69.–

Falken-Handbuch **Bridge**
Von den Grundregeln zum Turniersport.
(4092) Von Wolfgang Voigt und Karl Ritz, 276 S., 792 Zeichnungen, gebunden.
DM 39,-/S 319.–

Spielend Bridge lernen
(2012) Von Josef Weiss, 108 S., kart. **DM 7,80**/S 69.–

Spieltechnik im Bridge
(2004) Von Victor Mollo und Nico Gardener, deutsche Adaption von Dirk Schröder, 216 S., kart.
DM 16,80/S 139.–

Besser Bridge spielen
Reiztechnik, Spielverlauf und Gegenspiel. (2026) Von Josef Weiss, 143 S., mit vielen Diagrammen, kart. **DM 14,80**/S 119.–

Mah-Jongg
Das chinesische Glücks-, Kombinations- und Gesellschaftsspiel. (2030) Von Ursula Eschenbach, 80 S., 30 s/w-Fotos, 5 Zeichnungen, kart. **DM 9,80**/S 79.–

Backgammon
für Anfänger und Könner. (2008) Von Georg W. Fink und Guido Fuchs, 116 S., 41 Abb., kart. **DM 9,80**/S 79.–

Würfelspiele
für jung und alt. (2007) Von Friedrich Pruss, 112 S., kart. **DM 7,80**/S 69.–

Gesellschaftsspiele
für drinnen und draußen. (2006) Von Heinz Görz, 128 S., kart.
DM 6,80/S 59.–

Spiele für Party und Familie
(2014) Von Rudi Carell, 160 S., 50 Abb., gebunden. **DM 9,80**/S 79.–

Dame
Das Brettspiel in allen Variationen.
(2028) Von Claus D. Grupp, 104 S., viele Diagramme, kart. **DM 9,80**/S 79.–

Das japanische Brettspiel GO
(2020) Von Winfried Dörholt, 104 S., 182 Diagramme, kart. **DM 9,80**/S 79.–

So gewinnt man gegen Video- und Computerspiele
(0644) Von Christine Kerler, 160 S., 25 Zeichnungen, 21 s/w-Fotos, kart.
DM 6,80/S 59.–

Denksport und Schnickschnack
für Tüftler und fixe Köpfe. (0362) Von Jürgen Barto, 100 S., 45 Abb., kart.
DM 6,80/S 59.–

Rätselspiele, Quiz- und Scherzfragen
für gesellige Stunden. (0577) Von Karl-Hermann Schneider, 168 S., über 100 Zeichnungen, Pappband.
DM 16,80/S 139.–

Knobeleien und Denksport
(2019) Von Klas Rechberger, 142 S., mit vielen Zeichnungen, kart.
DM 7,80/S 69.–

Quiz
Mehr als 1500 ernste und heitere Fragen aus allen Gebieten. (0129) Von Reinhold Sautter und Waltraud Pröve, 92 S., 9 Zeichnungen, kart. **DM 6,80**/S 59.–

Der große Rätselknacker
Über 100.000 Rätselfragen. (4022) Zusammengestellt von Hans-Jürgen Winkler, 544 S., kart.
DM 19,80/S 159.–

Rätsel lösen – ein Vergnügen
Ein Lexikon für Rätselfreunde. (0182) Von Erich Maier, 240 S., kart.
DM 12,80/S 99.–

500 Rätsel selberraten
(0681) Von Eberhard Krüger, 272 S., kart. **DM 9,95**/S 79.–

501 Rätsel selberraten
(0711) Von Eberhard Krüger, 272 S., kart. **DM 9,95**/S 79.–

Das Super-Kreuzwort-Rätsel-Lexikon
Über 150.000 Begriffe. (4126) Von Hans Schiefelbein, 688 S., Pappband.
DM 19,80/S 159.–

Punkt, Punkt, Komma, Strich
Zeichenstunden für Kinder. (0564) Von Hans Witzig, 144 S., über 250 Zeichnungen, kart. **DM 6,80**/S 59.–

Einmal grad und einmal krumm
Zeichenstunden für Kinder. (0599) Von Hans Witzig, 144 S., 363 Abb., kart.
DM 6,80/S 59.–

FALKEN VERLAG

Die Preise entsprechen dem Status beim Druck diese

Kinderspiele
die Spaß machen.
(2009) Von Helen Müller-Stein, 112 S., 28 Abb., kart. **DM 6,80**/S 59.–

Spiele für Kleinkinder
(2011) Von Dieter Kellermann, 80 S., kart. **DM 5,80**/S 49.–

Kasperletheater
Spieltexte und Spielanleitungen · Basteltips für Theater und Puppen. (0641) Von Ursula Lietz, 136 S., 4 Farbtafeln, 12 s/w-Fotos, 39 Zeichnungen, kart. **DM 9,80**/S 79.–

Kindergeburtstag
Vorbereitung, Spiel und Spaß. (0287) Von Dr. Ilse Obrig, 104 S., 40 Abb., 11 Zeichnungen, 9 Lieder mit Noten, kart. **DM 5,80**/S 49.–

Kinderfeste
daheim und in Gruppen. (4033) Gerda Blechner, 240 S., 320 Abb., gebunden. **DM 19,80**/S 159.–

Scherzfragen, Drudel und Blödeleien
gesammelt von Kindern. (0506) Herausgegeben von Waltraud Pröve, 112 S., 57 Zeichnungen, kart. **DM 5,80**/S 49.–

Die Schlümpfe und ihre Freunde
(0686) Von Peyo, 80 S., viele Zeichnungen, kart. **DM 2,95**/S 24.–

Die Schlümpfe und der Zauberer Gargamel
(0687) Von Peyo, 80 S., viele Zeichnungen, kart. **DM 2,95**/S 24.–

Die Schlümpfe und Schlumpfinchen
(0688) Von Peyo, 80 S., viele Zeichnungen, kart. **DM 2,95**/S 24.–

Die Schlümpfe in Schlumpfhausen
(0689) Von Peyo, 80 S., viele Zeichnungen, kart. **DM 2,95**/S 24.–

Kein schöner Land ...
Das große Buch unserer beliebtesten Volkslieder. (4150) Das Buch zur Aktion „Dalli-Dalli hilft", 208 S., 108 Farbzeichnungen, Pappband. **19,80**/S 159.–

Die schönsten Wander- und Fahrtenlieder
(0462) Herausgegeben von Franz R. Miller, empfohlen vom Deutschen Sängerbund, 80 S., mit Noten und Zeichnungen, kart. **DM 5,80**/S 49.–

Die schönsten Volkslieder
(0432) Herausgegeben von Dietmar Walther, 128 S., mit Noten und Zeichnungen, kart. **DM 4,80**/S 39.–

Die schönsten Berg- und Hüttenlieder
(0514) Herausgegeben von Franz R. Miller, empfohlen vom Deutschen Sängerbund, 104 S., mit Noten und Zeichnungen, kart. **DM 5,80**/S 49.–

Wir lernen tanzen
Standard- und lateinamerikanische Tänze. (0200) Von Ernst Fern, 168 S., 118 s/w-Fotos, 47 Zeichnungen, kart. **DM 9,80**/S 79.–

Tanzstunde
(5018) Von Gerd Hädrich, 172 S., 442 s/w-Fotos, 140 Zeichnungen, Pappband. **DM 19,80**/S 159.–

So tanzt man Rock'n'Roll
Grundschritte · Figuren · Akrobatik. (0573) Von Wolfgang Steuer und Gerhard Marz, 224 S., 303 Abb., kart. **DM 16,80**/S 139.–

Wir geben eine Party
(0192) Von Elisabeth Ruge, 88 S., 8 Farbtafeln, 23 Zeichnungen, kart. **DM 8,80**/S 74.–

Neue Spiele für Ihre Party
(2022) Von Gerda Blechner, 120 S., 54 Zeichnungen, kart. **DM 7,80**/S 69.–

Lustige Tanzspiele und Scherztänze
für Parties und Feste. (0165) Von Ewald Bäulke, 80 S., 53 Abb., kart. **DM 6,80**/S 59.–

Straßenfeste, Flohmärkte und Basare
Praktische Tips für Organisation und Durchführung. (0592) Von Hugo Schuster, 96 S., 52 Fotos, 17 Zeichnungen, kart. **DM 12,80**/S 99.–

Black Jack
Regeln und Strategien des Kasinospiels (2032) Von Konrad Kelbratowski, 88 S., kart. **DM 9,80**/S 79.–

Roulette richtig gespielt
Systemspiele, die Vermögen brachten. (0121) Von Martin Jung, 96 S., zahlreiche Tabellen, kart. **DM 7,80**/S 69.–

Kartenspiele für Kinder
(0533) Von Claus D. Grupp, 136 S., 24 Abb., kart. **DM 6,80**/S 59.–

Disco-Tänze
(0491) Von Barbara und Felicitas Weber, 104 S., 104 Abb., kart. **DM 6,80**/S 59.–

365 Schwedenrätsel
(4173) Von Günther Borutta, 336 S., kart. **DM 16,80**/S 139.–

Kindergeburtstage die keiner vergißt
Planung, Gestaltung, Spielvorschläge (0698) Von G. und G. Zimmermann, 102 S., kart. **DM 9,80**/S 79.–

Es war einmal ...
Unsere beliebtesten Märchen
(4170) Hrsg. von R. Wehse und D. Enzian, 208 S., 119 Zeichnungen, Pappband, **DM 19,80**/S 159.–

Wilhelm-Busch-Album
Jubiläumsausgabe mit 1700 farbigen Bildern. (3028) 408 S., Großformat, geb. **DM 39,–**/S 319.–

Es ist ein Brauch von alters her ...
Lebensweisheiten
(2214) Von Wilhelm Busch, 80 S., 38 Zeichnungen, Pappband. **DM 9,80**/ S 85.–

Lachen, Witz und gute Laune
Lustige Texte für Ansagen und Vorträge. (0149) Von Erich Müller, 104 S., 44 Abb., kart. **DM 6,80**/S 59.–

Tolle Sketche
mit zündenden Pointen – zum Nachspielen. (0656) Von Eberhard Cohrs, 112 S., kart. **DM 9,80**/S 79.–

Vergnügliche Sketche
(0476) Von Horst Pillau, 96 S., mit lustigen Zeichnungen, kart. **DM 6,80**/S 59.–

Heitere Vorträge
(0528) Von Erich Müller, 182 S., 14 Zeichnungen, kart. **DM 9,80**/S 79.–

Die große Lachparade
Neue Texte für heitere Vorträge und Ansagen. (0188) Von Erich Müller, 108 S., kart. **DM 6,80**/S 59.–

So feiert man Feste fröhlicher
Heitere Vorträge und Gedicht. (0098) Von Dr. Allos, 96 S., 15 Abb., kart. **DM 5,80**/S 49.–

Lustige Vorträge für fröhliche Feiern
Sketche, Vorträge und Conferencen für Karneval und fröhliche Feste. (0284) Von Karl Lehnhoff, 96 S., kart. **DM 6,80**/S 59.–

Vergnügliches Vortragsbuch
(0091) Von Joseph Plaut, 192 S., kart. **DM 7,80**/S 69.–

Tolle Sachen zum Schmunzeln und Lachen
Lustige Ansagen und Vorträge. (0163) Von Erich Müller, 92 S., kart. **DM 6,80**/S 59.–

Humor für jedes Ohr
Fidele Sketche und Ansagen. (0157) Von Heinz Ehnle. 96 S., kart. **DM 6,80**/S 59.–

Sketche und spielbare Witze
für bunte Abende und andere Feste. (0445) Von Hartmut Friedrich, 120 S., 7 Zeichnungen, kart. **DM 6,80**/S 59.–

Sketsche
Kurzspiele zu amüsanter Unterhaltung. (0247) Von Margarete Gering, 132 S., 16 Abb., kart., **DM 6,80**/59.–

Dalli-Dalli-Sketche
aus dem heiteren Ratespiel von und mit Hans Rosenthal. (0527) Von Horst Pillau, 144 S., 18 Zeichnungen, kart. **DM 9,80**/S 79.–

Non Stop Nonsens
Sketche und Witze mit Spielanleitungen. (0511) Von Dieter Hallervorden, 160 S., geb. **DM 14,80**/S 119.–

Lustige Sketche für Jungen und Mädchen
(0669) Von Ursula Lietz und Ulrike Lange, 104 S., kart. **DM 7,80**/S 69.–

FALKEN VERLAG

Gereimte Vorträge
für Bühne und Bütt. (0567) Von Günter Wagner, 96 S., kart. **DM 7,80**/S 69.–

Damen in der Bütt
Scherze, Büttenreden, Sketche.
(0354) Von Traudi Müller, 136 S., kart.
DM 8,80/S 74.–

Narren in der Bütt
Leckerbissen aus dem rheinischen Karneval. (0216) Zusammengestellt von Theo Lücker, 112 S., kart.
DM 6,80/S 59.–

Rings um den Karneval
Karnevalsscherze und Büttenreden.
(0130) Von Dr. Allos, 136 S., kart.
DM 9,80/S 79.–

Helau und Alaaf 1
Närrisches aus der Bütt.
(0304) Von Erich Müller, 112 S., kart.
DM 6,80/S 59.–

Helau und Alaaf 2
Neue Büttenreden.
(0477) Von Edmund Luft, 104 S., kart.
DM 7,80/S 69.–

Humor und Stimmung
Ein heiteres Vortragsbuch.
(0460) Von Günter Wagner, 112 S., kart. **DM 6,80**/S 59.–

Humor und gute Laune
Ein heiteres Vortragsbuch.
(0635) Von Günter Wagner, 112 S., kart.
DM 8,80/S 74.–

Das große Buch der Witze
(0384) Von E. Holz, 320 S.,
36 Zeichnungen, geb. **DM 16,80**/S 139.–

Da lacht das Publikum
Neue lustige Vorträge für viele Gelegenheiten. (0716) Von Heinz Schmalenbach, 104 S., kart.
DM 9,80/S 79.–

Lach mit!
Witze für Kinder, gesammelt von Kindern.
(0468) Herausgegeben von Waltraud Pröve, 128 S., 17 Zeichnungen, kart.
DM 5,80/S 49.–

Witzig, witzig
(0507) Von Erich Müller, 128 S.,
16 Zeichnungen, kart. **DM 6,80**/S 55.–

Lach mit den Schlümpfen
(0610) Von Peyo, 64 S., viele Abb., kart.
DM 6,80/S 59.–

Die besten Witze und Cartoons des Jahres 1
(0454) Herausgegeben von Karl Hartmann, 288 S., 125 Zeichnungen, geb. **DM 16,80**/S 139.–

Die besten Witze und Cartoons des Jahres 2
(0488) Herausgegeben von Karl Hartmann, 288 S., 148 Zeichnungen, geb. **DM 16,80**/S 139.–

Die besten Witze und Cartoons des Jahres 3
(0524) Herausgegeben von Karl Hartmann, 288 S., 105 Zeichnungen, Pappband. **DM 16,80**/S 139.–

Die besten Witze und Cartoons des Jahres 4
(0579) Herausgegeben von Karl Hartmann, 288 S., 140 Zeichnungen, Pappband. **DM 16,80**/S 139.–

Die besten Witze und Cartoons des Jahres 5
(0642) Herausgegeben von Karl Hartmann, 288 S., 88 Zeichnungen, Pappband. **DM 16,80**/S 139.–

Das Superbuch der Witze
(4146) Von B. Bornheim, 504 S.,
54 Cartoons, Pappband.
DM 15,–/S 120.–

Die besten Beamtenwitze
(0574) Herausgegeben von Waltraud Pröve, 112 S., 61 Cartoons, kart.
DM 5,80/S 49.–

Die besten Kalauer
(0705) Von Klaus Frank, 112 S., 12 Zeichnungen, kart., **DM 5,80**/S 49.–

Robert Lembkes Witzauslese
(0325) Von Robert Lembke, 160 S., mit 10 Zeichnungen von E. Köhler, gebunden.
DM 14,80/S 119.–

Fred Metzlers Witze mit Pfiff
(0368) Von Fred Metzler, 120 S., kart.
DM 5,80/S 49.–

O frivol ist mir am Abend
Pikante Witze von Fred Metzler. (0388) Von Fred Metzler, 128 S., mit Karikaturen, kart. **DM 5,80**/S 49.–

Herrenwitze
(0589) Von Georg Wilhelm, 112 S.,
30 Zeichnungen, kart. **DM 5,80**/S 49.–

Witze am laufenden Band
(0461) Von Fips Asmussen, 118 S., kart.
DM 5,80/S 49.–

Horror zum Totlachen
Gruselwitze
(0536) Von Franz Lautenschläger, 96 S.,
44 Zeichnungen, kart. **DM 5,80**/S 49.–

Die besten Ostfriesenwitze
(0495) Herausgegeben von Onno Freese, 112 S., 17 Zeichnungen, kart.
DM 5,80/S 49.–

Olympische Witze
Sportlerwitze in Wort und Bild.
(0505) Von Wolfgang Willnat, 112 S.,
126 Zeichnungen, kart.**DM 5,80**/S 49.–

Ich lach mit kaputt! Die besten Kinderwitze
(0545) Von Erwin Hannemann, 128 S.,
15 Zeichnungen, kart. **DM 5,80**/S 49.–

Natur

Faszination Berg
zwischen Alpen und Himalaya.
(4214) Von Toni Hiebeler, 96 S., 100 großformatige Farbfotos, Pappband.
DM 24,80/S 198.–

Gefährdete und geschützte Pflanzen
erkennen und benennen.
(0596) Von Wieland Schnedler und Karl Wolfstetter, 160 S., 140 Farbfotos,
4 Zeichnungen, kart. **DM 19,80**/S 159.–

Beeren und Waldfrüchte
erkennen und benennen, eßbar oder giftig? (0401) Von Jörg Raithelhuber, 120 S., 94 Farbfotos, kart.
DM 16,80/S 139.–

Bäume und Sträucher
erkennen und benennen. (0509) Von Jörg Raithelhuber, 116 S., 108 Farbfotos, kart. **DM 16,80**/S 139.–

Falken-Handbuch **Pilze**
Mit über 250 Farbfotos und Rezepten.
(4061) Von Martin Knoop, 276 S.,
250 Farbfotos, 28 Zeichnungen, gebunden. **DM 39,–**/S 319.–

Pilze
erkennen und benennen.
(0380) Von Jörg Raithelhuber, 136 S.,
110 Farbfotos, kart. **DM 14,80**/S 119.–

Falken-Handbuch
Der Garten
Das moderne illustrierte Standardwerk.
(4044) Von Gerhard Bambach, unter Mitarbeit von U. Kaiser, W. Velte und J. Zech, 770 S., 40 Farbtafeln,
77 Farbfotos, 787 s/w-Fotos,
147 Zeichnungen, gebunden.
DM 49,–/S 398.–

Das Gartenjahr
Arbeitsplan für draußen und drinnen.
(4075) Von Gerhard Bambach, 152 S.,
16 Farbtafeln, viele Abb., kart.
DM 12,80/S 99.–

Gartenteiche und Wasserspiele
planen, anlegen und pflegen.
(4083) Von Horst R. Sikora, 160 S.,
16 Farbtafeln, über 100 Skizzen und Abb., Pappband. **DM 29,80**/S 239.–

Gärtnern
(5004) Von Inge Manz, 64 S., 38 Farbfotos, Pappband. **DM 12,80**/S 99.–

Gärtner Gustavs Gartenkalender
Arbeitspläne · Pflanzenporträts · Gartenlexikon.
(4155) Von Gustav Schoser, 120 S., 146 Farbfotos, 13 Tabellen, 203 farbige Zeichnungen, Pappband.
DM 24,80/S 198.–

Leben im Naturgarten
Der Biogärtner und seine gesunde Umwelt. (4124) Von Norbert Jorek, 136 S., 68 s/w-Fotos, kart.
DM 12,80/S 99.–

Mischkultur im Nutzgarten
Mit Jahreskalender und Anbauplänen.
(0651) Von Helmut Oppel, 112 S.,
8 Farbtafeln, 23s/w-Fotos, 29 Zeichnungen, kart. **DM 9,80**/S 79.–

Frühbeet und Kleingewächshaus
(5055) Von Gustav Schoser, 64 S.,
43 Farbfotos, Pappband.
DM 12,80/S 99.–

Die Preise entsprechen dem Status beim Druck dieses

Insekten Mitteleuropas
erkennen und benennen. (0588) Von Helmut Bechtel, 144 S., 129 Farbfotos, 18 Zeichnungen, kart. **DM 16,80**/S 139.–

Schmetterlinge
Tagfalter Mitteleuropas erkennen und benennen. (0510) Von Thomas Ruckstuhl, 156 S., 136 Farbfotos, kart. **DM 16,80**/S 139.–

Blühende Zimmerpflanzen
(5010) Von Rolf Blaich, 64 S., 107 Farbfotos, Pappband. **DM 12,80**/S 99.–

Falken-Handbuch **Zimmerpflanzen**
1600 Pflanzenporträts.
(4082) Von Rolf Blaich, 432 S., 480 Farbfotos, 84 Zeichnungen, 1600 Pflanzenbeschreibungen, geb. **DM 39,–**/S 319.–

Blütenpracht in Grolit 2000
Der neue, mühelose Weg zu farbenprächtigen Zimmerpflanzen.
(5127) Von Gabriele Vocke, 64 S., 50 Farbfotos, Pappband. **DM 12,80**/S 99.–

Zimmerbäume, Palmen und andere Blattpflanzen
(5111) Von Gustav Schoser, 96 S., 98 Farbfotos, 7 Zeichnungen, Pappband. **DM 16,80**/S 139.–

Biologisch zimmergärtnern
Zier- und Nutzpflanzen natürlich pflegen. (4144) Von Norbert Jorek, 152 S., 15 Farbtafeln, 120 s/w-Fotos, Pappband. **DM 19,80**/S 159.–

Hydrokultur
Pflanzen ohne Erde – mühelos gepflegt. (4080) Von Hans-August Rotter, 120 S., 67 farbige und s/w-Abb. sowie Zeichnungen, geb. **DM 19,80**/S 159.–

Zimmerpflanzen in Hydrokultur
Leitfaden für problemlose Blumenpflege. (0660) Von Hans-August Rotter, 32 S., 76 Farbfotos, 8 farbige Zeichnungen, Spiralbindung, kart. **DM 6,80**/S 59.–

Sukkulenten
Mittagsblumen, Lebende Steine, Wolfsmilchgewächs u. a.
(5070) Von Werner Hoffmann, 64 S., 82 Farbfotos, Pappband. **DM 12,80**/S 99.–

Kakteen und andere Sukkulenten
300 Arten mit über 500 Farbfotos.
(4116) Von Günter Andersohn, 316 S., 520 Farbtafeln, 193 Zeichnungen, geb. **DM 49,–**/S 398.–

Fibel für Kakteenfreunde
(0199) Von H. Herold, 102 S., 23 Farbfotos, kart. **DM 7,80**/S 69.–

Kakteen
Herkunft, Anzucht, Pflege, Klimabedingungen.
(5021) Von Werner Hoffmann, 64 S., 70 Farbfotos, Pappband. **DM 12,80**/S 99.–

Faszinierende Formen und Farben
Kakteen
(4211) Von Katharina und Franz Schild, 96 S., 127 großformatige Farbfotos, Pappband. **DM 24,80**/S 198.–

Gemüse, Kräuter, Obst aus dem Balkongarten
– Erfolgreich ernten auf kleinstem Raum. (0694) Von Siegfried Stein, 32 S., 34 Farbfotos, 5 Zeichnungen, Spiralbindung, kart., **DM 7,80**/S 69.–

Erfolgstips für den Gemüsegarten
Mit naturgemäßem Anbau zu höherem Ertrag.
(0674) Von Franz Mühl, 80 S., 30 s/w-Fotos, 4 Zeichnungen, kart. **DM 7,80**/S 69.–

Der Obstgarten
Pflanzung · Pflege · Baumschnitt · Neuheiten. (5100) Von Joachim Zech, 64 S., 54 Farbfotos, Pappband. **DM 12,80**/S 99.–

Der richtige Schnitt von Obst- und Ziergehölzen, Rosen und Hecken
(0619) Von Erich Zettl, 88 S., 8 Farbtafeln, 39 Zeichnungen, 21 s/w-Fotos, kart. **DM 7,80**/S 69.–

Unkraut im Garten
erkennen und erfolgreich bekämpfen. (0637) Von Friedrich und Heidrun Jantzen, 144 S., 190 Farbfotos, kart. **DM 16,80**/S 139.–

Das Blumenjahr
Arbeitsplan für drinnen und draußen. (4142) Von Gabriele Vocke, 136 S., 15 Farbtafeln, kart. **DM 12,80**/S 99.–

Blumenpracht im Garten
(5014) Von Inge Manz, 64 S., 93 Farbfotos, Pappband. **DM 12,80**/S 99.–

Rosen
Arten – Pflanzung – Pflege.
(5065) Von Inge Manz, 64 S., 60 Farbfotos, Pappband. **DM 12,80**/S 99.–

Ziersträucher und -bäume im Garten
(5071) Von Inge Manz, 64 S., 91 Farbfotos, Pappband. **DM 12,80**/S 99.–

Falken-Handbuch **Katzen**
(4158) Von B. Gerber, 176 S., 294 Farb- und 88 s/w-Fotos, Pappband. **DM 39,–**/S 319.–

Katzen
Rassen · Haltung · Pflege. (4216) Von Brigitte Eilert-Overbeck, 96 S., 82 großformatige Farbfotos, Pappband. **DM 24,80**/S 198.–

Lieblinge auf Samtpfötchen **Katzen**
(2202) Von Brigitte Eilert-Overbeck, 80 S., 53 Farbfotos, 5 s/w-Fotos, Pappband. **DM 9,80**/S 85.–

Katzenkrankheiten
Erkennung und Behandlung. (0652) Von Dr. med. vet. Rolf Spangenberg, 176 S., 64 s/w-Fotos, 4 Zeichnungen, kart. **DM 9,80**/S 79.–

Steingärten
Anlage – Pflanzen – Pflege.
(5092) Von Martin Haberer, 64 S., 90 Farbfotos, Pappband. **DM 12,80**/S 99.–

Balkons in Blütenpracht
zu allen Jahreszeiten.
(5047) Von Nikolaus Uhl, 64 S., 82 Farbfotos, Pappband. **DM 12,80**/S 99.–

Kübelpflanzen
für Balkon, Terrasse und Dachgarten.
(5132) Von Martin Haberer, 64 S., 70 Farbfotos, Pappband. **DM 14,80**/S 119.–

Kletterpflanzen
Rankende Begrünung für Fassade, Balkon und Garten.
(5140) Von Martin Haberer, 64 S., 70 Farbabb., 2 Zeichnungen, Pappband. **DM 12,80**/S 99.–

Grabgestaltung
Bepflanzung und Pflege zu jeder Jahreszeit. (5120) Von Nikolaus Uhl, 64 S., 77 Farbfotos, 2 Zeichnungen, Pappband. **DM 14,80**/S 119.–

Blütenpracht in Haus und Garten
Der große praktische Ratgeber mit über 1000 farbigen Abbildungen.
(4145) Von Martin Haberer, Friedrich Jantzen, Gernot Lysek, Peter Möhring und Nikolaus Uhl, 352 S., 1012 Farbfotos, 3 Zeichnungen, Pappband. **DM 29,80**/S 239.–

Sag's mit Blumen
Pflege und Arrangieren von Schnittblumen.
(5103) Von Peter Möhring, 64 S., 68 Farbfotos, 2 s/w-Fotos, Pappband. **DM 12,80**/S 99.–

Bonsai
Japanische Miniaturbäume und Miniaturlandschaften.
Anzucht, Gestaltung und Pflege.
(4091) Von Benedikt Lesniewicz, 160 S., 106 Farbfotos, 46 s/w-Fotos, 115 Zeichnungen, geb. **DM 68,–**/S 549.–

Falken-Handbuch **Das Terrarium**
(4069) Von Burkhard Kahl, Paul Gaupp, Dr. Günter Schmidt, 336 S., 215 Farbfotos, geb. **DM 58,–**/S 460.–

Falken-Handbuch **Das Aquarium**
Einrichtung, Pflege und Fische für Süß- und Meerwasser. (4029) Von Hans J. Mayland, 334 S., über 415 Farbfotos und Farbtafeln, 150 Zeichnungen, geb. **DM 39,–**/S 319.–

Aquarienfische
des tropischen Süßwassers. (5003) Von Hans J. Mayland, 64 S., 98 Farbfotos, Pappband. **DM 12,80**/S 99.–

Süßwasser-Aquarienfische
(4212) Von Burkhard Kahl, 96 S., 108 großformatige Farbfotos, Pappband. kart. **DM 24,80**/S 198.–

Das Süßwasser-Aquarium
Einrichtung – Pflege – Fische – Pflanzen. (0153) Von Hans J. Mayland, 132 S., 163 Zeichnungen, 8 Farbtafeln, kart. **DM 8,80**/S 74.–

Das Meerwasser-Aquarium
Einrichtung – Pflege – Fische und niedere Tiere. (0281) Von Hans J. Mayland, 146 S., 30 farbige und 228 s/w-Abb., kart. **DM 14,80**/S 119.–

Orchideen
(4215) Von Gustav Schoser, 96 S., 143 großformatige Farbfotos, Pappband. **DM 24,80**/S 198.–

Orchideen
Eigenart – Schnittblumen – Topfkultur – Pflege. (5038) Von Gustav Schoser, 64 S., 75 Farbfotos, Pappband. **DM 14,80**/S 119.–

Keime, Sprossen, Küchenkräuter
am Fenster ziehen – rund ums Jahr. (0658) Von Friedrich und Heidrun Jantzen, 32 S., 55 Farbfotos, Spiralbindung, kart. **DM 6,80**/S 59.–

Falken-Handbuch **Hunde**
(4118) Von Horst Bielfeld, 176 S., 222 Farbfotos und Farbzeichnungen, 73 s/w-Abb., geb. **DM 39,–**/S 319.–

Hunde
Rassen · Erziehung · Haltung. (4209) Von Horst Bielfeld, 96 S., 101 großformatige Farbfotos, Pappband. **DM 24,80**/S 198.–

Das neue Hundebuch
Rassen · Aufzucht · Pflege. (0009) Von Walter Busack, überarbeitet von Dr. med. vet. A. H. Hacker, 104 S., 8 Farbtafeln, kart. **DM 8,80**/S 74.–

Falken-Handbuch
Der Deutsche Schäferhund
(4077) Von Ursula Förster, 228 S., 160 farbige und s/w-Abb. sowie Zeichnungen, geb. **DM 29,80**/S 239.–

Der Deutsche Schäferhund
(0073) Von Alfred Hacker, 104 S., 56 Abb., kart. **DM 7,80**/S 69.–

Dackel, Teckel, Dachshund
Aufzucht · Pflege · Ausbildung. (0508) Von Marianne Wein-Gysae, 112 S., 4 Farbtafeln, 43 s/w-Fotos, 2 Zeichnungen, kart. **DM 9,80**/S 79.–

Hunde-Ausbildung
Verhalten – Gehorsam – Abrichtung. (0346) Von Prof. Dr. Rudolphine Menzel, 96 S., 18 Fotos, kart. **DM 7,80**/S 69.–

Hundekrankheiten
Erkennung und Behandlung, Steuerung des Sexualverhaltens. (0570) Von Dr. med. vet. Rolf Spangenberg, 128 S., 68 s/w-Fotos, 10 Zeichnungen, kart. **DM 9,80**/S 79.–

Das neue Katzenbuch
Rassen – Aufzucht – Pflege. (0427) Von Brigitte Eilert-Overbeck, 136 S., 14 Farbfotos, 26 s/w-Fotos, kart. **DM 8,80**/S 74.–

Hilfe für den Wald
Ursachen, Schadbilder, Hilfsprogramme. Was jeder wissen muß, um unser wichtigstes Öko-System zu retten. (4164) Von K. F. Wentzel, R. Zundel, 128 S., 178 Farb- u. 6 s/w-Fotos, 60 Zeichnungen, kart. **DM 19,80**/S 159.–

So wird mein Garten zum Biogarten
Alles über die Umstellung auf naturgemäßen Anbau. (0706) Von Ingrid Gabriel, 128 S., durchgehend 4farbig, 73 Farbfotos und Zeichnungen, kart. **DM 14,80**/S 119.–

Cichliden
Pflege, Herkunft und Nachzucht der wichtigsten Buntbarscharten (5144) Von J. in't Veen, 96 S., 163 Farbfotos, Pbd. **DM 19,80**/S 159.–

Gesunde Pflanzen im Biogarten
Biologische Maßnahmen bei Schädlingsbefall und Pflanzenkrankheiten. (0707) Von Ingrid Gabriel, 128 S., durchgehend 4farbig, 73 Farbfotos und Zeichnungen, kart. **DM 14,80**/S 119.–

Der Biogarten unter Glas und Folie
Ganzjährig erfolgreich ernten. (0722) Von Ingrid Gabriel, 128 S., durchgehend vierfarbig, 58 Fotos, 39 Zeichn., kart. **DM 14,80**/S 119.–

Neuanlage eines Biogartens
Planung, Bodenvorbereitung, Gestaltung (0721) Von Ingrid Gabriel, 128 S., durchgehend vierfarb., 73 Farbfotos, 35 Zeichnungen, kart. **DM 14,80**/S 119.–

Das Bio-Gartenjahr
Arbeitsplan für naturgemäßes Gärtnern. (4169) Von Norbert Jorek, 128 S., 8 Farbtafeln, 70 s/w-Abb., kart. **DM 14,80**/S 119.–

Vom betörenden Zauber der **Rosen**
(2206) Von Helmut Steinhauer, 80 S., 89 Farbfotos und Zeichnungen, Pappband. **DM 9,80**/S 85.–

Bauernregeln
Wenn die Schwalben niedrig fliegen (2208) Von G. Haddenbach, 80 S., 52 Farbfotos und Zeichnungen, Pappband. **DM 9,80**/S 85.–

Hunde
Die treuen Freunde des Menschen (2207) Von Rolf Spangenberg, 80 S., 49 Farbfotos und Zeichnungen, Pappband. **DM 9,80**/S 85.–

Ponys
Rassen, Haltung, Reiten. (4205) Von Stefan Braun, 96 S., 84 großformatige Farbfotos, Pappband. **DM 24,80**/S 198.–

Vögel
Die wichtigsten Arten Mitteleuropas erkennen und benennen. (0554) Von Joachim Zech, 152 S., 135 Farbfotos, 4 s/w-Fotos, 5 Zeichnungen, kart. **DM 16,80**/S 139.–

Wellensittiche
Arten · Haltung · Pflege · Sprechunterricht · Zucht. (5136) Von Horst Bielfeld, 64 S., 59 Farbfotos, Pappband. **DM 12,80**/S 99.–

Papageien und Sittiche
Arten · Pflege · Sprechunterricht. (0591) Von Horst Bielfeld, 112 S., 8 Farbtafeln, kart. **DM 9,80**/S 79.–

Gesundheit

Der praktische Hausarzt
(4100) Von Dr. med. Rosemarie Jäkel, 608 S., 201 s/w-Fotos, 118 Zeichnungen, Pappband. **DM 29,80**/S 239.–

Heiltees und Kräuter für die Gesundheit
(4123) Von Gerhard Leibold, 136 S., 15 Farbtafeln, 16 Zeichnungen, kart. **DM 12,80**/S 99.–

Falken-Handbuch **Heilkräuter**
Modernes Lexikon der Pflanzen und Anwendungen (4076) Von Gerhard Leibold, 392 S., 183 Farbfotos, geb. **DM 39,–**/S 319.–

Die farbige Kräuterfibel
(0245) Von Ingrid Gabriel, 196 S., 49 farbige und 97 s/w-Abb., Pappband. **DM 14,80**/S 119.–

Arzneikräuter und Wildgemüse
erkennen und benennen. (0459) Von Jörg Raithelhuber, 144 S., 108 Farbfotos, kart. **DM 16,80**/S 139.–

Falken-Handbuch **Bio-Medizin**
Alles über die moderne Naturheilpraxis. (4136) Von Gerhard Leibold, 552 S., 16 Farbtafeln, Pappband. **DM 39,–**/S 319.–

Gesund bleiben – gesund werden durch Enzyme
(0677) Von Gerhard Leibold, 96 S., kart. **DM 9,80**/S 79.–

Gesund bleiben – gesund werden durch Heilfasten
(0713) Von Gerhard Leibold, 108 S., kart. **DM 9,80**/S 79.–

So lebt man länger nach Dr. Le Comptes Erfolgsmethode!
Vital und gesund bis ins hohe Alter. (4129) Von Dr. Herman Le Compte, Pia Pervenche, 224 S., geb. **DM 24,80**/S 198.–

Gesundheit und Spannkraft durch Yoga
(0321) Von Lothar Frank und Ursula Ebbers, 112 S., 50 s/w-Fotos, kart. **DM 7,80**/S 69.–

Yoga für jeden
(0341) Von Kareen Zebroff, 156 S., 135 Abb., kart. **DM 20,–**/S 160.–

Yoga gegen Haltungsschäden und Rückenschmerzen
(0394) Von Alois Raab, 104 S., 215 Abb., kart. **DM 6,80**/S 59.–

Hypnose und Autosuggestion
Methoden – Heilwirkungen – praktische Beispiele. (0483) Von Gerhard Leibold, 116 S., kart. **DM 7,80**/S 69.–

Autogenes Training
Anwendung · Heilwirkungen · Methoden. (0541) Von Rolf Faller, 128 S., 3 Zeichnungen, kart. **DM 9,80**/S 79.–

Eigenbehandlung durch Akupressur
Heilwirkungen – Energielehre – Meridiane. (0417) Von Gerhard Leibold, 152 S., 78 Abb., kart. **DM 9,80**/S 79.–

Die fernöstliche Fingerdrucktherapie Shiatsu
Anleitungen zur Selbsthilfe – Heilwirkungen. (0615) Von Gerhard Leibold, 196 S., 180 Abb., kart. **DM 16,80**/S 139.–

FALKEN VERLAG

Die Preise entsprechen dem Status beim Druck dieses

10 Minuten täglich Tele-Gymnastik
(5102) Von Beate Manz und Kafi Biermann, 128 S., 381 Abb., kart.
DM 12,80/S 99.–

Gesund und fit durch Gymnastik
(0366) Von Hannelore Pilss-Samek, 132 S., 150 Abb., kart. **DM 7,80**/S 69.–

Stretching
Mit Dehnungsgymnastik zu Entspannung, Geschmeidigkeit und Wohlbefinden. (0717) Von Hans Schulz, 80 S., 90 s/w-Fotos, kart.
DM 7,80/S 69.–

Schönheitspflege
Kosmetische Tips für jeden Tag. (0493) Von Heide Zander, 180 S., 25 Abb., kart.
DM 7,80/S 69.–

Tanz und Spiele für Bewegungsbehinderte
Ein Anfängerkurs für alle, die mitmachen wollen. Empfohlen vom Bundesverband für Tanztherapie e.V. (0581) Von Wally Kaechele, 96 S., 105 s/w-Fotos, 9 Zeichnungen, Spiralbindung.
DM 19,80/S 159.–

Natur-Apotheke
Gesundheit durch altbewährte Kräuterrezepte und Hausmittel.
(4156) Von Gerhard Leibold, 236 S., 105 Zeichnungen, 8 Farbtafeln, kart.,
DM 19,80/S 159.–
(4157) Pappband, **26,80**/S 218.–

Bildatlas des menschlichen Körpers
(4177) Von G. Pogliani u. V. Vannini, 112 S., über 450 Farbabb., Pappband,
DM 29,80/S 239.–

Fußmassage
Reflexzonentherapie am Fuß
(0714) Von Gerhard Leibold, 96 S., 38 Zeichnungen, kart. **DM 9,80**/S 79.–

Rheuma und Gicht
Krankheitsbilder, Behandlung, Therapieverfahren, Selbstbehandlung, richtige Lebensführung und Ernährung
(0712) Von Dr. J. Höder, J. Bandick, 104 S., kart. **DM 9,80**/S 79.–

Krampfadern
Ursachen, Vorbeugung, Selbstbehandlung, Therapieverfahren
(0727) Von Dr. med. Kurt Steffens, 96 S., 38 Abb., kart. **DM 9,80**/S 79.–

Aktiv Yoga
(0709) Von Karen Zebroff, 112 S., 102 Farbfotos, Spiralbindung, kart.
DM 14,80/S 119.–

Ratgeber, Lebenshilfe

Umgangsformen heute
Die Empfehlungen des Fachausschusses für Umgangsformen. (4015) 282 S., 160 s/w-Fotos, 25 Zeichnungen, geb.
DM 29,80/S 239.–

Der Gute Ton
Ein moderner Knigge. (0063) Von Irmgard Wolter, 168 S., 38 Zeichnungen, kart. **DM 9,80**/S 79.–

Tischkarten und Tischdekorationen
(5063) Von Gabriele Vocke, 64 S., 79 Farbfotos, Pappband.
DM 12,80/S 99.–

Von der Verlobung zur Goldenen Hochzeit
Vorbereitung · Festgestaltung · Glückwünsche. (0393) Von Elisabeth Ruge, 120 S., kart. **DM 6,80**/S 59.–

Reden zur Hochzeit
Musteransprachen für Hochzeitstage. (0654) Von Günter Georg, 112 S., kart.
DM 6,80/S 59.–

Glückwünsche, Toasts und Festreden zur Hochzeit.
(0264) Von Irmgard Wolter, 128 S., kart.
DM 7,80/S 69.–

Hochzeits- und Bierzeitungen
Muster, Tips und Anregungen.
(0288) Von Hans-Jürgen Winkler, mit vielen Text- und Gestaltungsanregungen, 116 S., 15 Abb., 1 Musterzeitung, kart.
DM 6,80/S 59.–

Kindergedichte zur Grünen, Silbernen und Goldenen Hochzeit
(0318) Von Hans-Jürgen Winkler, 104 S., 20 Abb., kart. **DM 5,80**/S 49.–

Die Silberhochzeit
Vorbereitung · Einladung · Geschenkvorschläge · Festablauf · Menüs · Reden · Glückwünsche. (0542) Von Karin F. Merkle, 120 S., 41 Zeichnungen, kart.
DM 9,80/S 79.–

Großes Buch der Glückwünsche
(0255) Herausgegeben von Olaf Fuhrmann, 240 S., 77 Zeichnungen und viele Gestaltungsvorschläge, kart.
DM 9,80/S 79.–

Neue Glückwunschfibel
für Groß und Klein. (0156) Von Renée Christian-Hildebrandt, 96 S., kart.
DM 4,80/S 39.–

Glückwunschverse für Kinder
(0277) Von Bettina Ulrici, 80 S., kart.
DM 5,80/S 49.–

Die Redekunst · Rhetorik · Rednererfolg
(0076) Von Kurt Wolter, überarbeitet von Dr. W. Tappe, 80 S., kart.
DM 4,80/S 39.–

Reden und Ansprachen
für jeden Anlaß. (4009) Herausgegeben von Frank Sicker, 454 S., geb.
DM 39,–/S 319.–

Reden zum Jubiläum
Musteransprachen für viele Gelegenheiten (0595) Von Günter Georg, 112 S., kart. **DM 6,80**/S 59.–

Reden und Sprüche zu Grundsteinlegung, Richtfest und Einzug
Musteransprachen für viele Gelegenheiten. (0598) Von Albert Bruder, Günter Georg, 96 S., kart.
DM 6,80/S 59.–

Reden zu Familienfesten
Musteransprachen für viele Gelegenheiten. (0675) Von Günter Georg, 108 S., kart. **DM 6,80**/S 59.–

Festreden und Vereinsreden
Ansprachen für festliche Gelegenheiten. (0069) Von Karl Lehnhoff und Elisabeth Ruge, 88 S., kart. **DM 5,80**/S 49.–

Reden im Verein
Musteransprachen für viele Gelegenheiten. (0703) Von Günter Georg, 112 S., kart., **DM 6,80**/S 59.–

Trinksprüche, Richtsprüche, Gästebuchverse
(0224) Von Dieter Kellermann, 80 S., kart. **DM 5,80**/S 49.–

Ins Gästebuch geschrieben
(0576) Von Kurt H. Trabeck, 96 S., 24 Zeichnungen, kart. **DM 7,80**/S 69.–

Poesiealbumverse
Heiteres und Besinnliches. (0578) Von Anne Göttling, 112 S., 20 Abb., Pappband. **DM 14,80**/S 119.–

Verse fürs Poesiealbum
(0241) Von Irmgard Wolter, 96 S., 20 Abb., kart. **DM 5,80**/S 49.–

Rosen, Tulpen, Nelken . . .
Beliebte Verse fürs Poesiealbum
(0431) Von Waltraud Pröve, 96 S., mit Faksimile-Abb., kart. **DM 5,80**/S 49.–

Der Verseschmied
Kleiner Leitfaden für Hobbydichter. Mit Reimlexikon. (0597) Von Theodor Parisius, 96 S., 28 Zeichnungen, kart.
DM 7,80 /S 69.–

Moderne Korrespondenz
(4014) Von Hans Kirst und Wolfgang Manekeller, 568 S., gebunden.
DM 39,– /S 319.–

Der neue Briefsteller
(0060) Von Irmgard Wolter-Rosendorf, 112 S., kart. **DM 5,80** /S 49.–

Geschäftliche Briefe
des Privatmanns, Handwerkers und Kaufmanns. (0041) Von Alfred Römer, 96 S., kart. **DM 6,80** /S 59.–

Behördenkorrespondenz
Musterbriefe – Anträge – Einsprüche. (0412) Von Elisabeth Ruge, 120 S., kart.
DM 6,80 /S 59.–

Musterbriefe
für alle Gelegenheiten. (0231) Herausgegeben von Olaf Fuhrmann, 240 S., kart. **DM 9,80** /S 79.–

Privatbriefe
Muster für alle Gelegenheiten. (0114) Von Irmgard Wolter-Rosendorf, 132 S., kart.
DM 6,80 /S 59.–

Erfolgstips für den Schriftverkehr
Briefwechsel leicht gemacht durch einfachen Stil und klaren Ausdruck (0678) Von Joachim Werbellin, 120 S., kart. **DM 8,80** /S 74.–

Worte und Briefe der Anteilnahme
(0464) Von Elisabeth Ruge, 128 S., mit vielen Abbildungen, kart.
DM 9,80 /S 79.–

Lebenslauf und Bewerbung
Beispiele für Inhalt, Form und Aufbau. (0428) Von Hans Friedrich, 112 S., kart. **DM 6,80**/S 59.–

Erfolgreiche Bewerbungsbriefe
und Bewerbungsformen. (0138) Von Wolfgang Manekeller, 88 S., kart. **DM 5,80**/S 49.–

Die erfolgreiche Bewerbung
Bewerbung und Vorstellung. (0173) Von Wolfgang Manekeller, 156 S., kart. **DM 9,80**/S 79.–

Die Bewerbung
Der moderne Ratgeber für Bewerbungsbriefe, Lebenslauf und Vorstellungsgespräche. (4138) Von Wolfgang Manekeller, 264 S., Pappband. **DM 19,80**/S 159.–

Vorstellungsgespräche
sicher und erfolgreich führen. (0636) Von Hans Friedrich, 144 S., kart. **DM 9,80**/S 79.–

Zeugnisse im Beruf
richtig schreiben, richtig verstehen. (0544) Von Hans Friedrich, 112 S., kart. **DM 9,80**/S 79.–

In Anerkennung Ihrer . . . , Lob und Würdigung in Briefen und Reden.
(0535) Von Hans Friedrich, 136 S., kart. **DM 7,80**/S 69.–

Erfolgreiche Kaufmannspraxis
Wirtschaftliche Grundlagen, Geld, Kreditwesen, Steuern, Betriebsführung, Recht, EDV. (4046) Von W. Göhler, H. Gölz, M. Heibel, Dr. D. Machenheimer, mit einem Vorwort von Dr. K. Obermayr, 544 S., geb. **DM 34,–**/S 272.–

Der Rechtsberater im Haus
(4048) Von Karl-Heinz Hofmeister, 528 S., geb. **DM 39,–**/S 319.–

Arbeitsrecht
Praktischer Ratgeber für Arbeitnehmer und Arbeitgeber. (0594) Von Johannes Beuthner, 192 S., kart. **DM 16,80**/S 139.–

Mietrecht
Leitfaden für Mieter und Vermieter. (0479) Von Johannes Beuthner, 196 S., kart. **DM 14,80**/S 119.–

Scheidung und Unterhalt
nach dem neuen Eherecht. (0403) Von Rechtsanwalt Hans T. Drewes, 109 S., mit Kosten- und Unterhaltstabellen, kart. **DM 7,80**/S 69.–

Testament und Erbschaft
Erbfolge, Rechte und Pflichten der Erben, Erbschafts- und Schenkungssteuer, Muster für Testamente. (4139) Von Theodor Drewes und Rainer Hollender, 352 S., Pappband. **DM 26,80**/S 218.–

Erbrecht und Testament
Mit Erläuterungen des Erbschaftssteuergesetzes von 1974. (0046) Von Dr. jur. Hanns Wandrey, 124 S., kart. **DM 6,80**/S 59.–

Antiquitäten-(Ver)führer
Stilkunde – Wert – Echtheitsbestimmung. (5057) Von Margot Lutze, 128 S., 191 Farbfotos, Pappband. **DM 19,80**/S 159.–

Der Sklave Calvisius
Alltag in einer römischen Provinz 150 n. Chr. (4058) Von Alice Ammermann, Tilmann Röhrig, Gerhard Schmidt, 120 S., 99 Farbabb., 47 s/w-Abb., Pappband. **DM 19,80**/S 159.–

Die Kunst des Stillens nach neuesten Erkenntnissen
(0701) Von Prof. Dr. med. E. Schmidt/S. Brunn, 112 S., 20 Fotos und Zeichnungen, kart., **DM 9,80**/S 79.–

Elternsache Grundschule
(0692) Von K. Meynersen, 324 S., kart., **DM 26,80**/S 218.–

Sexualberatung
(0402) Von Dr. Marianne Röhl, 168 S., 8 Farbtafeln, 17 Zeichnungen, Pappband. **DM 19,80**/S 159.–

Wenn Sie ein Kind bekommen
(4003) Von Ursula Klamroth, Dr. med. H. Oster, 240 S., 86 s/w-Fotos, 30 Zeichnungen, geb. **DM 24,80**/S 198.–

Vorbereitung auf die Geburt
Schwangerschaftsgymnastik, Atmung, Rückbildungsgymnastik. (0251) Von Sabine Buchholz, 112 S., 98 s/w-Fotos, kart. **DM 6,80**/S 59.–

Wie soll es heißen?
(0211) Von D. Köhr, 136 S., kart. **DM 5,80**/S 49.–

Das Babybuch
Pflege · Ernährung · Entwicklung. (0531) Von Annelore Burkert, 136 S., 8 Farbtafeln, 41 s/w-Fotos, kart. **DM 12,80**/S 99.–

Die neue Lebenshilfe **Biorhytmik**
Höhen und Tiefen der persönlichen Lebenskurven vorausberechnen und danach handeln. (0458) Von Walter A. Appel, 157 S., 63 Zeichnungen, Pappband. **DM 9,80**/S 79.–

Energie aus Sonne, Wasser, Wind und Eis
Alles über Wärmedämmung, Wärmepumpen, Sonnendächer und andere Systeme. (0552) Von Volker Petzold, 216 S., 124 Abb., kart. **DM 16,80**/S 139.–

Vom Urkrümel zum Atompilz
Evolution – Ursache und Ausweg aus der Krise. (4181) Von Jürgen Voigt, 188 S., 20 Farb- u. 70 s/w-Fotos, 32 Zeichnungen, kart. **DM 19,80**/S 159.–

Astrologie
Das Orakel der Sterne. (2211) Von B. A. Mertz, 80 S., 42 Farb- u. 15 s/w-Fotos, Pappband. **DM 9,80**/S 85.–

So finde ich einen Ausbildungsplatz
(0715) Von Hans Friedrich, 136 S., kart., **DM 9,80**/S 79.–

Falken-Handbuch **Astrologie**
Charakterkunde · Schicksal · Liebe und Beruf · Berechnung und Deutung von Horoskopen · Aszendenttabelle. (4068) Von Bernd A. Mertz mit einem Geleitwort von Hildegard Knef, 342 S., mit 60 erläuternden Grafiken, geb. **DM 29,80**/S 239.–

Selbst Wahrsagen mit Karten
Die Zukunft in Liebe, Beruf und Finanzen. (0404) Von Rhea Koch, 112 S., viele Abb., Pappband. **DM 12,80**/S 99.–

Weissagen, Hellsehen, Kartenlegen . . .
Wie jeder die geheimen Kräfte ergründen und für sich nutzen kann. (4153) Von Georg Haddenbach, 192 S., 40 Zeichnungen, Pappband. **DM 16,80**/S 139.–

Wahrsagen mit Tarot-Karten
(0482) Von Edwin J. Nigg, 112 S., 4 Farbtafeln, 52 s/w-Fotos, Abb., Pappband. **DM 14,80**/S 119.–

Aztekenhoroskop
Deutung von Liebe und Schicksal nach dem Aztekenkalender. (0543) Von Christa-Maria und Richard Kerler, 160 S., 20 Zeichnungen, Pappband. **DM 9,80**/S 79.–

Was sagt uns das Horoskop?
Praktische Einführung in die Astrologie. (0655) Von Bernd A. Mertz, 176 S., kart. **DM 9,80**/S 79.–

Das Super-Horoskop
(0465) Von Georg Haddenbach, 175 S., Pappband. **DM 9,80**/S 79.–

Liebeshoroskop für die 12 Sternzeichen
Glück und Harmonie mit Ihrem Traumpartner. Alles über Chancen, Beziehungen, Erotik, Zärtlichkeit, Leidenschaft. (0587) Von Georg Haddenbach, 144 S., 12 Zeichnungen, geb. **DM 6,80**/S 59.–

Die 12 Sternzeichen
Charakter, Liebe und Schicksal. (0385) Von Georg Haddenbach, 160 S., Pappband. **DM 9,80**/S 79.–

Die 12 Sternzeichen im chinesischen Horoskop
(0423) Von Georg Haddenbach, 128 S., Pappband. **DM 9,80**/S 79.–

Sternstunden
für Liebe, Glück und Geld, Berufserfolg und Gesundheit. Das ganz persönliche Mitbringsel für Widder (0621), Stier (0622), Zwillingen (0623), Krebs (0624), Löwe (0625), Jungfrau (0626), Waage (0627), Skorpion (0628), Schütze (0629), Steinbock (0630), Wassermann (0631), Fische (0632) Von Leo Cancer, 62 S., durchgehend farbig, Zeichnungen, Pappband. **DM 5,–**/S 39.–

So deutet man Träume
Die Bildersprache des Unbewußten. (0444) Von Georg Haddenbach, 160 S., Pappband. **DM 9,80**/S 79.–

Die Familie im Horoskop
(4161) Von B. A. Mertz, 296 S., 29 Zeichnungen, kart. **DM 16,80**/S 139.–

ZDF · ORF · DRS
Kompaß Jugend-Lexikon
(4096) Von Richard Kerler, Jochen Blum, unter Mitarbeit von Ursula Kopp, 336 S., 766 Farbfotos, 39 s/w-Fotos und Zeichnungen, Pappband. **DM 29,80**/S 239.–

FALKEN VERLAG

Die Preise entsprechen dem Status beim Druck dieses

Der Weg zum richtigen Computer
Checklisten und Entscheidungshilfen für Auswahl und Einsatz im Betrieb. (4801) Von W. Bauer, 558 S., Mappe mit Ringmechanik **DM 298,–**/S 2.398.–

Computer Grundwissen
Eine Einführung in Funktion und Einsatzmöglichkeiten. (4302) Von Wolfgang Bauer, 176 Seiten, 193 Farb- und 12 s/w-Fotos, 37 Computergrafiken, kart., **DM 29,80**/S 239.–
(4301) Pappband, **DM 36,–**/S 298.–

Einführung in die Programmiersprache BASIC. (4303) Von Susan Curran und Ray Curnow, 192 S., 92 Zeichnungen, Spiralbindung. **DM 19,80**/S 159.–

Lernen mit dem Computer. (4304) Von Susan Curran und Ray Curnow, 144 S., 34 Zeichnungen, Spiralbindung, **DM 19,80**/S 159.–

Computerspiele, Grafik und Musik
(4305) Von Susan Curran und Ray Curnow, 148 S., 46 Zeichnungen, Spiralbindung. **DM 19,80**/S 159.–

Menschen, Computer und Roboter
(4502) Von Wolfgang Rudolph und Hedda Schatz, 144 Seiten und 8 Farbtafeln, kart. **DM 24,80**/S 198.–

Computer sind überall. (4501) Von Wolfgang Rudolph und Hedda Schatz, 144 S., 120 Abb., kart. **DM 24,80**/S 198.–

Das neue Wörterbuch der deutschen Gegenwartssprache
(4163) Von F. Hübner, 480 S., Pappband, **DM 19,80**/S 159.–

Endlich 18 und nun?
Rechte und Pflichten mit der Volljährigkeit. (0646) Von Richard Rathgeber, 224 S., 27 Zeichnungen, kart. **DM 14,80** /S 119.–

Psycho Tests
– Erkennen Sie sich selbst. (0710) Von Bruce M. Nash, Randolph B. Monchick, 304 S., 81 Zeichnungen, kart., **DM 16,80** /S 139.–

Keine Angst vorm Fliegen
(0463) Von Rudolf Braunburg und Rainer-Joachim Pieritz, 159 S., 15 Farbtafeln, 68 s/w-Fotos, kart. **DM 12,80**/S 99.–

Dinosaurier
und andere Tiere der Urzeit. (4219) Von Gerolf Alschner, 96 S., 81 großformatige Farbzeichnungen, 4 s/w-Fotos, Pappband. **DM 24,80**/S 198.–

Lernhilfen

Deutsch für Ausländer im Selbstunterricht

Ausgabe für Italiener
(0254) Von Italo Nadalin und Ernst Richter, 156 S., 62 Zeichnungen, kart. **DM 9,80**/S 79.–

Ausgabe für Jugoslawen
(0261) Von I. Hladek und Ernst Richter, 132 S., 62 Zeichnungen, kart. **DM 9,80**/S 79.–

Ausgabe für Türken
(0262) Von B. I. Rasch und Ernst Richter, 136 S., 62 Zeichnungen, kart. **DM 9,80**/S 79.–

Deutsch – Ihre neue Sprache.
Grundbuch (0327) Von Hans-Jürgen Demetz und Juan Manuel Puente, 204 S., mit über 200 Abb., kart. **DM 14,80**/S 119.–

Glossar Italienisch
(0329) Von Hans-Jürgen Demetz und Juan Manuel Puente, 74 S., kart. **DM 9,80**/S 79.–

In gleicher Ausstattung:
Glossar Spanisch (0330)
DM 9,80/S 79.–

Glossar Serbokroatisch (0331)
DM 9,80/S 79.–

Glossar Türkisch (0332)
DM 9,80/S 79.–

Glossar Arabisch (0335)
DM 9,80/S 79.–

Glossar Englisch (0336)
DM 9,80/S 79.–

Glossar Französisch (0337)
DM 9,80/S 79.–

Das Deutschbuch
Ein Sprachprogramm für Ausländer, Erwachsene und Jugendliche.
Autorenteam: Juan Manuel Puente, Hans-Jürgen Demetz, Sener Sargut, Marianne Spohner.

Grundbuch Jugendliche
(4915) Von Puente, Demetz, Sargut, Spohner, Hirschberger, Kersten, von Stolzenwaldt, 256 S., durchgehend zweifarbig, kart. **DM 19,80**/S 159.–

Grundbuch Erwachsene
(4901) Von Puente, Demetz, Sargut, Spohner, 292 S., durchgehend zweifarbig, kart. **DM 24,80**/S 198.–

Arbeitsheft
zu Grundbuch Erwachsene und Jugendliche. (4903) Von Puente, Demetz, Sargut, Spohner, 160 S., durchgehend zweifarbig, kart. **DM 16,80**/S 139.–

Aufbaukurs
(4902) Von Puente, Sargut, Spohner, 239 S., durchgehend zweifarbig, kart. **DM 22,80**/S 182.–

Lehrerhandbuch Grundbuch Erwachsene
(4904) 144 S., kart. **DM 14,80**/S 119.–

Lehrerhandbuch Grundbuch Jugendliche
(4929) 120 S., kart. **DM 14,80**/S 119.–

Lehrerhandbuch Aufbaukurs
(4930) 64 S., kart. **DM 9,80**/S 79.–

Glossare Erwachsene:

Türkisch
(4906) 100 S., kart. **DM 9,80**/S 79.–

Englisch
(4912) 100 S., kart. **DM 9,80**/S 79.–

Französisch
(4911) 104 S., kart. **DM 9,80**/S 79.–

Spanisch
(4909) 98 S., kart. **DM 9,80**/S 79.–

Italienisch
(4908) 100 S., kart. **DM 9,80**/S 79.–

Serbokroatisch
(4914) 100 S., kart. **DM 9,80**/S 79.–

Griechisch
(4907) 102 S., kart. **DM 9,80**/S 79.–

Portugiesisch
(4910) 100 S., kart. **DM 9,80**/S 79.–

Polnisch
(4913) 102 S., kart. **DM 9,80**/S 79.–

Arabisch
(4905) 100 S., kart. **DM 9,80**/S 79.–

Glossare Jugendliche:

Türkisch
(4927) 105 S., kart. **DM 9,80**/S 79.–

Italienisch
(4932) Von Alexandra Baumgartner, 100 S., kart. **DM 9,80**/S 79.–

Spanisch
(4933) Von Margerita Weidemann, 100 S., kart. **DM 9,80**/S 79.–

Serbokroatisch
(4934) Von Milan Vuckovic, 100 S., kart. **DM 9,80**/S 79.–

Griechisch
(4936) Von Dr. Georg Tzounakis, 112 S., kart. **DM 9,80**/S 79.–

Tonband Grundbuch Erwachsene
(4916) Ø 18 cm. **DM 125,–**/S 1.000.–

Tonband Grundbuch Jugendliche
(4917) Ø 18 cm. **DM 125,–**/S 1.000.–

Tonband Aufbaukurs
(4918) Ø 18 cm. **DM 125,–**/S 1.000.–

Tonband Arbeitsheft
(4919) Ø 18 cm. **DM 89,–**/S 712.–

Kassetten Grundbuch Erwachsene
(4920) 2 Stück à 90 Min. Laufzeit. **DM 39,–** /S 319.–

Kassetten Grundbuch Jugendliche
(4921) 2 Stück à 90 Min. Laufzeit. **DM 39,–** /S 319.–

Kassetten Aufbaukurs
(4922) 2 Stück à 90 Min. Laufzeit. **DM 39,–** /S 319.–

Kassette Arbeitsheft
(4923) 60 Min. Laufzeit. **DM 19,80** /S 159.–

Overheadfolie Grundbuch Erwachsene
(4924) 60 Stück. **DM 159,–** /S 1.270.–

Overheadfolien Grundbuch Jugendliche
(4925) 59 Stück. **DM 159,–** /S 1.270.–

Overheadfolien Aufbaukurs
(4931) 54 Stück **DM 159,–** /S 1.270.–

Diapositive Grundbuch Erwachsene
(4926) 300 Stück. **DM 398,–** /S 3.184.–

Bildkarten
zum Grundbuch Jugendliche und Erwachsene. (4928) 200 Stück
DM 159,– /S 1.270.–

Arbeitshefte für ausländische Jugendliche in der Berufsvorbereitung
Fachsprache im projektorientierten/fachübergreifenden Unterricht Metall 1
(4937) Von Sener Sargut, Marianne Spohner, 106 S., 30 Farbfotos, 100 Zeichnungen, kart.
DM 14,80 /S 119.–

Maschinenschreiben für Kinder.
(0274) Von Hanns Kaus, 48 S., farbige Abb., kart. **DM 5,80** /S 49.–

So lernt man leicht und schnell
Maschinenschreiben
Lehrbuch für Selbstunterricht und Kurse. (0568) Von Jean W. Wagner, 80 S., 31 s/w-Fotos, 36 Zeichnungen, Spiralbindung, kart. **DM 19,80** /S 159.–

Maschinenschreiben durch Selbstunterricht
(0170) Von A. Fonfara, 84 S., viele Abb., kartoniert. **DM 5,80** /S 49.–

Stenografie
– leicht gemacht im Kursus oder Selbstunterricht. (0266) Von Hanns Kaus, 64 S., kart. **DM 5,80** /S 49.–

Buchführung
leicht gefaßt. Ein Leitfaden für Handwerker und Gewerbetreibende. (0127) Von Richard Pohl. 104 S., kart.
DM 7,80 /S 69.–

Schülerlexikon der Mathematik
Formeln, Übungen und Begriffserklärungen für die Klassen 5–10. (0430) Von Robert Müller, 176 S., 96 Zeichnungen, kart.
DM 9,80 /S 79.–

Mathematik verständlich
Zahlenbereiche Mengenlehre, Algebra, Geometrie, Wahrscheinlichkeitsrechnung, Kaufmännisches Rechnen. (4135) Von Robert Müller, 652 S., 10 s/w- und 109 Farbfotos, 802 farbige und 79 s/w-Zeichnungen, über 2500 Beispiele und Übungen mit Lösungen, Pappband.
DM 68,– /S 549.–

Mathematische Formeln für Schule und Beruf
Mit Beispielen und Erklärungen. (0499) Von Robert Müller, 156 S., 210 Zeichnungen, kart. **DM 9,80** /S 79.–

Rechnen aufgefrischt
für Schule und Beruf. (0100) Von Helmut Rausch, 144 S., kart. **DM 6,80** /S 59.–

Mehr Erfolg in Schule und Beruf
Besseres Deutsch
Mit Übungen und Beispielen für Rechtschreibung, Diktate, Zeichensetzung, Aufsätze, Grammatik, Literaturbetrachtung, Stil, Briefe, Fremdwörter, Reden. (4115) Von Kurt Schreiner, 444 S., 7 s/w-Fotos, 27 Zeichnungen, Pappband. **DM 29,80** /S 239.–

Richtiges Deutsch
Rechtschreibung · Zeichensetzung · Grammatik · Stilkunde. (0551) Von Kurt Schreiner, 128 S., kart.
DM 9,80 /S 79.–

Diktate besser schreiben
Übungen zur Rechtschreibung für die Klassen 4–8. (0469) Von Kurt Schreiner, 149 S., kart. **DM 9,80** /S 79.–

Aufsätze besser schreiben
Förderkurs für die Klassen 4–10. (0429) Von Kurt Schreiner, 144 S., 4 s/w-Fotos, 27 Zeichnungen, kart. **DM 9,80** /S 79.–

Deutsche Grammatik
Ein Lern- und Übungsbuch. (0704) Von Kurt Schreiner, 112 S., kart.,
DM 9,80 /S 79.–

Bestellschein

Erfüllungsort und Gerichtsstand für Vollkaufleute ist der jeweilige Sitz der Lieferfirma. Für alle übrigen Kunden gilt dieser Gerichtsstand für das Mahnverfahren. Falls durch besondere Umstände Preisänderungen notwendig werden, erfolgt Auftragserledigung zu dem bei der Lieferung gültigen Preis.
Ich bestelle hiermit aus dem Falken-Verlag GmbH, Postfach 1120, D-6272 Niedernhausen/Ts., durch die Buchhandlung:

Ex. ____________________
Ex. ____________________
Ex. ____________________
Ex. ____________________
Ex. ____________________
Ex. ____________________

Name: ____________________

Straße: ____________ Ort: ____________

Datum: ____________ Unterschrift: ____________

Für die Schweiz: sFr.-Preise gemäß Preisauszeichnung in der Buchhandlung